不跪着教书

吴非 著

中国人民大学出版社
·北京·

图书在版编目（CIP）数据

不跪着教书 / 吴非著. —北京：中国人民大学出版社，2015.6
ISBN 978 - 7 - 300 - 21348 - 4

Ⅰ. ① 不… Ⅱ. ① 吴… Ⅲ. ① 教育工作—中国—文集 Ⅳ. ① G52-53

中国版本图书馆CIP数据核字（2015）第 108946 号

不跪着教书
吴非 著
Bu Gui Zhe Jiaoshu

出版发行	中国人民大学出版社		
社　　址	北京中关村大街 31 号	邮政编码	100080
电　　话	010 - 62511242（总编室）		010 - 62511770（质管部）
	010 - 82501766（自营网店）		010 - 62514148（明德书店）
	010 - 62511173（销售部）		010 - 62515275（盗版举报）
网　　址	http://www.crup.com.cn		
经　　销	新华书店		
印　　刷	北京华宇信诺印刷有限公司		
开　　本	720 mm × 1000 mm　1/16	版　　次	2015 年 6 月第 1 版
印　　张	16.5　插页 1	印　　次	2025 年 11 月第 24 次印刷
字　　数	210 000	定　　价	58.00 元

CONTENTS 目 录

再版前言 / 1

序 / 3

第一辑 永不凋谢的玫瑰

1. 永不凋谢的玫瑰 / 2
2. 感恩之心 / 4
3. 老师，我的神 / 6
4. 祖国的歌 / 8
5. 告诉你几个故事 / 10
6. 善良的心是一盏灯 / 12
7. 人，不能和野兽一样 / 15
8. 幸福的高三 / 19
9. 母亲教我的歌 / 21
10. 期待伟大的歌 / 23

第二辑 我美丽，因为我在思想

1. 永远的山峰 / 26
2. 我美丽，因为我在思想 / 28
3. 教师要有精神追求 / 31
4. 做最出色的教师 / 34
5. 不要跪着读 / 36
6. “地动仪”真的那么灵吗 / 39
7. 从雄辩到调侃…… / 42
8. 只要肯读书 / 45

9. 通过封锁线 / 48
10. 谈“作家高考秀”兼说“下水” / 51
11. 纯净我们的教学语言 / 54
12. 口才 / 56
13. 呼唤风格 / 58
14. 诫徒 / 66
15. 融洽与守法 / 68
16. 理智地保持距离 / 70
17. 你为何要释放粗鄙 / 72

第三辑 爱与敬重的阅读

1. 爱与敬重的阅读 / 76
2. 读好书如播种 / 78
3. 读名著竟成罪过 / 81
4. 黄花岗上 / 84
5. 理直气壮谈“教养” / 87
6. 珍爱生命 / 89
7. 他们没有道歉 / 91
8. 小睡有何不可 / 93
9. 跑，还是别跑？ / 95
10. 昨天的故事 / 97
11. 天空只能是“蓝蓝的”吗 / 99
12. 考考你 / 101
13. 一切为了学生 / 103
14. 教育无小事 / 106
15. 越辩越不明 / 108
16. 王侯将相宁有种乎！ / 110
17. 娃娃也敢吹 / 112
18. 冷寂的顾宅 / 115

第四辑 往高处飞！

1. 思想者 / 118
2. 往高处飞！ / 120
3. 要铸造健全的人格 / 122
4. 想起范熊熊 / 124
5. 我不喜欢你的世故 / 126
6. 致一个所谓的“另类” / 128
7. 你不该太功利 / 130
8. 你为什么不苦恼 / 132
9. 让我喊一声冤 / 134
10. 无声的课堂 / 137
11. 如今少年老成精 / 139
12. 看“骄子”成“娇子” / 141
13. 辫子 / 143
14. 如果孩子们不懂得信任 / 145
15. 你的浅薄害了孩子 / 147
16.“偷看者” / 149
17. 和孩子一同成长 / 151
18.“努力去做成几件事！” / 153
19. 写给家长的话 / 156
20. 今天我们怎样做父亲 / 158

第五辑 “实话”怎么说

1.“模范”如是说 / 162
2. 听郭橐驼说种树 / 165
3. 教师论文成作业 / 167
4. 职称的烦恼 / 170
5.“实话”怎么说 / 172
6. 鲁迅墓前 / 176
7. 闻人均购书款达到九角 / 178

8. 书啊，书 / 180
9. 冷眼看“减负” / 183
10. 桃李愁风雨 / 187
11. 费解 / 189
12. 考场何时能清白 / 191
13. 老总，谢谢你的关心 / 193
14. 这不是尊重，是歧视 / 195
15. 谁“赶走”谁 / 197
16. 有缘有故论吹牛 / 199
17. 看歌手考“综合素质” / 202
18. 走近雷锋 / 204
19. 老红军的难处 / 206
20. 处长多于小姐 / 209
21. 为尊贵者“顺气” / 211
22. 数学教授的难题 / 213

第六辑 在欢乐中沉思

1. 在欢乐中沉思——“名校”的反思 / 216
2. 母校，你在我心中已经死了 / 225
3. 校史要正视历史 / 227
4. 一声长叹说斯文 / 229
5. 在哈佛发现的一本纪念册 / 231
6. 遍地“国际” / 233
7. “新贵族”的档次 / 235
8. 校园设计要大气 / 237
9. 何不弹铗而歌 / 240
10. 被折腾的龙种 / 243
11. 如今怎样当校长 / 245
12. 官场陋俗进学堂 / 249
13. 被难倒的蜈蚣 / 252

再版前言

2004年年初，出版人吴法源先生来访，希望我把发表的教育言论结集出版。当时我的全部课余时间都用于教科书编写，异常忙碌，交稿期限临近，我整理这些文章，并不满意：一是自身识见肤浅，二是社会条件限制，无法尽情表达。我对当时教育界的混乱状态感到忧虑，也清楚教师个人努力价值有限。让我意外的是本书出版后读者所给予的重视，这让我想到，仍然有很多教师在关注教育生态，在憧憬明天。然而，十年来，本书不断重印，让我的心情变得复杂，因为我很希望教育的局面能有改变，让这本书过时。

青年时代遭逢“文革”，活在专制愚昧中，至今时时痛惜。但因为有基本的善恶判断，渴望平等自由，固守基本常识，虽然被洪流卷着往前推，思考意识并未被消灭。我厌恶“驯服工具”之说，那是对人的侮辱；同样，我也不愿做所谓的“永不生锈的螺丝钉”，我无法想象人的脑袋上要留个槽口，任凭权势机器拧来拧去。这些，在我从教后，逐渐转为“不跪着教书”的思考与言说。

独立思考应当是人的本能，拒绝名利诱惑也未必需要多高的境界，真的教师，不会因为社会寡廉鲜耻就放弃高贵的梦想，同样，也不会因为社会性的反智行为而丧失理性判断。教师有独立人格和职业精神，学生跟随他们学习，才能有真正意义上的生命教育。

一名教师的努力对学生的影响可能有限，但一个教师群体有基本一致或相近的价值判断，则必然对学生产生影响。教师屈从于落后的教育观，以世俗的意志来推卸职业责任，教育界奉行犬儒主义和市侩哲学，会导致社会失去进步的希望，功利庸俗的课堂，培育不出直立的人。

经过这十年，和很多老师一样，我带着忧虑地思考着未来，有一种更深的危机感。我希望自己的工作能有助于学生成长，希望教育能推动社会走向文明；虽然个人能力有限，但我的工作和思考毕竟有些意义。我想的是，能做多少是多少，唤醒一个算一个，改变不了现状，就先改造自我，绝不怨天尤人。在这样的时代，自我启蒙也许是一条比较合适的路。

这次再版，除订正个别字句，不作改动，为的是让读者观察十年前的教育状态，了解一名教师的思考与存在方式。

2014年12月于南京

序

从大学毕业至今，我一直在教书，我那不安分的头脑也一刻没能平静。现在，我终于明白，凭一门专业课的教学不可能实现自己的教育理想。当年，我自认为学校是“净土”，忽略了学校只是社会的一部分，现在我终于知道世上唯一可以“静”的可能只有个人的心境。年轻时以为教育就是诗，教师的一生也在为教育写诗，没想到后来总是要为教育写申告状，为学校的堕落而愤怒，为教师的尊严而呼喊。作为教师，我认为自己应当是理想主义者，而现实却总在种植悲观；我以为自己的工作对青年成长能有意义，没想到青年常常会对一个教师的理想投来同情的目光……我就这样在困惑和矛盾中走向耳顺之年。然而，和很多同行一样，我心中的信念不会消逝。

想要学生成为站直了的人，教师就不能跪着教书。如果教师没有独立思考的精神，他的学生会是什么样的人？在巨大的麻木和冷漠面前，我的确有过放弃的念头，然而一想到中国人有千百年下跪的历史，想到“文革”给中国人带来的耻辱，想到下一代人还可能以各种各样的形式下跪，就觉得我们中国首先得有铁骨教师，教育的辞典中才配有“铸造”这样的词条。

本书收入的是近年有关教育问题的随笔杂感，无甚高论，有的记录了对教育问题的思考，有的是教学随想，有的则是和同行或学生的对话。多数文章发表时用的是笔名吴非、李汉等，收入本书时，不再注明原发报刊。

2004年6月于南京

第一辑

永不凋谢的玫瑰

1. 永不凋谢的玫瑰

苏霍姆林斯基是苏联著名教育家，帕夫雷什乡村中学的校长，早已过世了。他记下了这样一则真事。校园的花房里开出了一朵硕大的玫瑰花，全校师生都非常惊讶，每天都有许多同学来看。这天早晨，苏霍姆林斯基在校园里散步，看到幼儿园的一个4岁女孩在花房里摘下了那朵玫瑰花，抓在手中，从容地往外走。苏霍姆林斯基很想知道这个小女孩为什么摘花，他弯下腰，亲切地问："孩子，你摘这朵花是送给谁的？能告诉我吗？"小女孩害羞地说："奶奶病得很重，我告诉她学校里有这样一朵大玫瑰花，奶奶有点不信，我现在摘下来送给她看，看过我就把花送回来。"听了孩子天真的回答，苏霍姆林斯基的心颤动了，他搀着小女孩，在花房里又摘下了两朵大玫瑰花，对孩子说："这一朵是奖给你的，你是一个懂得爱的孩子；这一朵是送给妈妈的，感谢她养育了你这样好的孩子。"

这个故事长久地激动着我。为了爱的教育，为了我们的学生能像人一样地站立在这个世界上，我幻想着生活中能有这样的美好。

5年前，我偶然想到，如果用这个故事的前半段出一道材料作文题，让学生续写，他们会想象出什么样的故事呢？

结果让我大失所望。几百个高中学生，文章的中心内容都是写教育家如何教育小女孩不能损害公物，写了教育家对儿童缺乏良好的道德教育而忧心忡忡，甚至写了教育家对小女孩作出的处罚……那些不遗余力从道德高度教训4岁小女孩的种种设计，让我从心底厌恶。

这件事曾强烈地刺激了我，使我想到，传统的道德说教如此深入人心，让学生耳熟能详，在他们的文章中，似乎只有道德规则（虽然他们的内心未必会认为这有多重要），他们可以板着面孔说出一番大道理，他们缺乏对人性美与人情美的感悟，缺乏同情与怜悯之心——在他们的心中，似乎所有的花都已经凋谢了。

又是几年过去了，我认识到，与其叹息，不如把我想说的说出来。我再也不指望有梦，有美丽的幻想，在应试教育已经坐稳了江山的时候，我也不再指望有谁能给我惊喜，我想我只有更多地讲述这样的故事，让我们的孩子能具备美好的人性，能像一个人那样活着，心中有一朵永不凋谢的玫瑰。

2. 感恩之心

我喜欢有感恩之心的孩子。

有位教师说起一位高中男生，这位男生平时不大爱说话，有一次班上组织活动，大家把自己小时候的照片拿来，每人说一段自己的事，他拿来的竟是幼时光屁股的照片，大家都感到好笑。这位身高一米八的男生举着照片，深情地对同学们说起母亲怀胎如何不易，分娩如何不易，当年父母如何艰难，自己从小如何备受呵护，父母如何寄希望于自己，以至自己能到这样一所名校读书……同学们都被感动了，有的老师还落了泪。我深深地为这位同学的父母自豪。把儿女教育得爱家庭、爱父母，是父母最大的成功。这样的家庭，什么困难都能克服，没有什么比这更幸福的了。

这些年来接触各样的家长，在我的记忆中，没有家长不爱孩子的，所有做父母的都为孩子的一点点成就而深感幸福（我自己也一样）。这些从饥饿年代、从极“左”年代顽强地生活过来的人，终于为他们的儿女迎来了有鲜花和微笑的时代。

有位同学的作文题为《下岗》，文章写道：“我对‘下岗’这个词习以为常，对我父母而言，不存在‘下岗’，因为母亲是农民，父亲已经第 16 次被解雇了——他是民工，随时可以被解雇……今天我回家，我希望听到的是他会说‘我又找到事做了’……”我了解这样的孩子，他能把这一切无保留地写出来，向人们敞开自己的心扉，也就意味着他是个感恩的人，知道父母用血汗为他铺下了一条比较平坦的道路。想来读者都会知道如今一个农民要养活全家有多难，而一个农民家庭要培养一个大学生又该多难!

以前有位学生，是从湖北农场来的，父母都是 20 世纪五六十年代上海的老知青，父母送他来南京的时候，我和他们见过一面。他们已经现出老态。我当时觉得这个孩子有点弱，也没看出他对父母有什么特别的依恋。大学毕业后他到苏州一家公司实习，公司安排他住在宾馆，他到了宾馆不敢进去，因为那时候住星级宾馆是让人不敢想的事。得知那是公司的常包房，不用付费后，他才怯生生地进去。后来他对我说，当打开房间门，看到那豪华的“标准间”时，第一个念头是“要是能让爸爸妈妈在这样的房间里住一夜该多好”！我先后把这件事说给许多朋友听，我觉得，他那知青父母听到儿子的这句话，一定会落泪的。

在外地出差，晚上没事，和钱理群教授聊天，他没有孩子，却又喜欢孩子，说:“讲讲学生的事，好吗？”我说了这几件事，钱理群听着，眼圈红了，他就像个孩子一样，任泪痕挂在脸上。夜很深了，我还在说。我记得自己说这些事时总是很平静，就像我每次说它时一样，我甚至怀疑我说这些事时是不是有点职业语调。对一个教师来说，最大的安慰，就是我们培养出了人，一个有感恩之心的人，只要能经常地发现这样的孩子，就会觉得既幸福又平常。

3. 老师，我的神

1992 年，我校校庆 90 周年，来了 4 位拄着手杖的老人，他们在参加大会后，一时找不到可以歇脚的地方，随意地走到了我的办公室。4 位老人体质还不错，一色中山装，奇怪的是每个人都斜背着一顶草帽。我让座敬茶，请教他们的届次。一位老人回答说："我们是 1929 届的，我们那一班同学，就剩我们 4 个了。"我一算，毕业 63 年了！听他们说求学往事，教数学的是谁，教国文的是谁，后来又换了谁，教英文的口语如何之好，教音乐的老师如何潇洒，某某老师的一次严责……听着听着，我仿佛也融进了他们之中，想象着 60 多年前的师生之情。

又是 10 年过去了，我真希望几位老人能再来一回，但是想到他们已经是 90 多岁的人，不禁怃然。教师的教育生命在人的一生中会留下如此难忘的记忆，每念及此，我时时提醒鞭策自己：不能误人子弟。

有时也能听到另一种故事。有人到学校联系业务，教师发现来人是过去的学生，一口喊出姓名，可是学生却不记得教师姓甚名谁，甚至不记得自己是哪个班的。从教师角度看，不该要求学生对学校、对教师感恩，但是学生读了十多年书，说不出自己老师的姓名，未免太遗憾了。

当然，还是美好的故事多。

有个女孩，大学毕业了，很有成就。回中学看望她的老师，想说说自己的事，也想听听老师的事。可是老师太忙太累，虽然他了解这位学生的心情，也想与她说说话，但是他实在没力气了，竟然说："你还是走吧，我太累了。"女孩说："老师，你什么也别说，你忙你的，我就在这里坐一会儿。"五分钟后，女孩悄悄离开了。事后她对同学说："我现在才真正知道老师的可敬，因为我在他门下读书三年，竟然没注意他的疲劳，他是硬撑着的；现在我毕业了，他没有必要在我面前掩饰，所以他直说了。我今天才体会到，老师在学生身上耗去了的是生命！以后我们去看他，就远远地看他，让他少说话。”

有个男孩，在毕业典礼后对他的老师说："老师，能让我拥抱你吗？”老师拥抱了他。学生说："除了母亲，这是我第一次拥抱一个人，我就是要把这个第一次给我的老师，我有这个愿望已经一年多了。老师，你是我的神。”

4. 祖国的歌

“为什么我的眼中常含泪水？/因为我对这土地爱得深沉……”

这是艾青的诗句。许多上了年纪的读者，都记得并能读懂这两句诗。

从小就接受爱国教育，同学们也许都以为自己很有国家的概念，在宣誓的时候，在集会呼号的时候，当然，也在作文和做诗的时候。然而，当我们每天走路或站立的时候，我们能想到“祖国”吗？

我因此喜爱俄罗斯诗人阿赫玛托娃的那首变体十四行诗《祖国土》：

“……我们心中不知她的价值何在，/我们心中也没想拿她做买卖。/我们在她上面默默地受难遭灾，/我们甚至从不记起她的存在。/是的，对我们，这是套鞋上的污泥，/是的，对我们，这是牙齿间的沙砾，/我们把她践踏蹂躏，磨成齑粉，/——这多余的，哪儿都用不着的灰尘！/但我们都躺进她的怀里，和她化为一体，/因此才不拘礼节地称她：“自己的土地。”

人们都用美好的语言赞美祖国，可是对于脚踏着的土地，却往往冷漠，缺乏真实、真诚的爱。“套鞋上的污泥”和“牙齿间的沙砾”会使人感到厌恶，但有谁能像诗人那样想到：这，也是祖国之土啊！我仿佛看到诗人面对着淡漠的人群，吟唱自己的沉郁。

由此而想到，在爱国问题上，不要热衷于空谈，让我们时刻检讨自我感情的真实吧！

培养真正的爱国情感，要从了解我们赖以生存的土地开始，从你接触的每一位凭着诚实劳动养活全家的人开始，从平凡的生活中解读人的情感开始，从逐步了解用血汗写就的几千年文明开始——而不是从空喊开始！

我看到有位小同学写的《祖国》，真好，开篇这样写道："祖国，是祖父老屋后那青翠的竹园；祖国，是家乡小镇那青石板铺就的小路；祖国，是雨点打在门前芭蕉叶上的声音；祖国，是屋檐下挂着的那成串的红辣椒……铺开一张宣纸，我用一支毛笔，写下了'祖国'……"——祖国一下子变得具体可感，有这样的认识，也许就不会再等到"躺进她的怀里，和她化为一体"时才猛然醒悟了。好多年前，我教初中一年级时，有个孩子写的《祖国》也令我回味无穷："……我特别怀念北方的大杂院，那时候食品供应紧张，吃饺子是稀罕事儿，可是在大院里，不管是谁家包饺子，那么院子里每家的孩子都能吃到一碗饺子。——这，就是我的祖国。"孩子们毕业了，走遍天涯海角，可是少年时代种下的那份感情，会伴随他们直到永远。

我记不清是哪位作家的话了，不过，这句话经过我和同学们的多次重复，已经变为我们的教学用语了。

——祖国是什么？祖国，就是你的家、我的家、他的家，那亮着灯的窗户……

5. 告诉你几个故事

今年（1998 年）语文高考（全国卷）的大作文要求“写一篇关于你自己的心理承受力的文章”。高考是人生大事，考生能在考场上从理性高度对自己的一部分生活经历重新审视，写一篇能表现自我意志的文章，不仅可展示自己的写作水平以接受挑选，客观上也使高考成为自己有价值的人生体验，这也许是更有实际意义的素质教育。人生处处是考场，考场上也记载着人生故事。今年在作文评分复查中，见到许多有意思的文章。在翻阅那些答卷时，我的心情很难平静——从某种意义上而言，我觉得那已经不是一般的答卷了。

有个故事让人感慨，我复述这篇文章梗概时，有几位教师流了泪。这位考生写自己失去了父亲，村里旧习气很浓，谁家没了顶梁柱，就会遭人白眼。母亲替丈夫的坟立碑，让儿子借车去石匠家把刻好的墓碑拉回来。但村里的人不想把车借给没有父亲的孩子。十六七岁的儿子懂得自尊，咬着牙，佝偻着没发育好的身子，一步一步地挪动，把这块沉重的墓碑从石匠家背到了坟地……

这是篇农村女孩写的：“……从我小时候起，贫穷就像一块石头压在我的身上……考上县中后，每天中饭时，我总是最后一个去打点饭，用开水冲一冲，就着自家带来的咸菜……小时候我就注意到石头压着的小草起先是嫩黄的，但是它们一样能延伸出绿呀！……”我们在传看这份试卷的时候，大家都沉默了。

下面这篇大概是个城市女生写的。“我上一年级的时候，父母因为感情不和离婚了。早熟的我不敢在家里哭，因为我知道，父母一定比我更痛苦……那天，母亲搀着我的手离开家，一出门我的眼泪就吧嗒吧嗒往下掉，但是我不敢回头……从小，每当看到别人家的女孩衣着漂亮走到哪儿乐到哪儿，我就默默地在心里对自己说：你和别人不一样……从小学到高三，我的成绩是最好的，为了母亲，当然也为了父亲……人常说，经历苦难的人才会走向坚韧。我知道上天对我好，过早地给我送来了这份礼物……”——这篇作文，后来我向许多人介绍过（当然也包括有过离异经历的人），每次都会有一声长叹。

我把这些文章片段介绍给读者，本该再说点什么的，但是又觉得说什么都是多余的。在南京的酷暑中，每当结束一天的工作，筋疲力尽地走在街头，看着灯红酒绿、公车如麻，看着人们匆匆的行色，那些孩子们的故事萦绕在我的脑中，我就会想起那句曾让世界称奇的儿童隽语——“人们到处生活”。如果读者看了上面的那些片段，能够意会到我想说的话，那我就太感谢了。

6. 善良的心是一盏灯

我喜欢富有同情心和爱心的学生。有没有善良的心，有没有同情与悲悯的情感，是区别“人”与“非人”的标准。教会学生学会同情，是教师工作的一部分。那些等到大学生拿硫酸泼狗熊或是用铁锤锤死了几个同学，才在电视屏幕上放马后炮的教育家，为什么没想到同情与爱才是应当“年年讲、月月讲、天天讲”的呢？

郭虹是我的学生，医科大毕业后在一家医院工作。当医生的第一个除夕，轮到她在病房值班。晚上九点，她打电话拜年——先前，她总是在除夕零点前后打电话的。我说：“离新年还有三个小时呢！”郭虹说：“病房里只有一个孤老太太，估计过不了今天晚上，也许只有一两个小时了，我要去陪她。”我问：“就你一个人吗？”郭虹说：“还有一个小护士。”

那天晚上，我一直没法定下心来。因为郭是个胆小的女孩，直到上大学，在家里还会撒娇。我无法想象她是如何在寂静的病房里陪着那位孤老太太的。年初三，郭虹按老例来拜年，我没问这件事，虽然我很想问。她主动说了。那位老太太是在凌晨两点多去世的，她和小护士替她换上街道居委会准备的衣服，推着躺车把她送到太平间去。“当时我一点也没害怕，这是送她去天国呀。”郭平静地说，“她孤苦伶仃，在最后一段路上有我们送她，我觉得挺神圣的。”

好多年过去了，这件事一直记在心间，多次说给朋友们听。郭虹从小时候起，就是一个善良的小姑娘，她见不得别人吃苦受罪，看见别人吃药打针也如同身受。那时候我们还没有听说过特蕾莎嬷嬷在印度拯救穷人的故事，更不知道证严法师为了穷人，在台湾办起了亚洲最大的平民医院。改革开放多年，中国在许多领域出了许多杰出人物，让人遗憾的是，中国人认识了大批的富豪，但是目前仍没有出现能引导群众行善的大慈善家。

教育要重视培养学生仁爱的禀赋，这就需要教师首先成为情感健全的人。在有仁爱之心的教师眼中，学生首先是人，是需要关怀的人，在那样的班级中，学生也懂得了平等和仁爱。我的几位同事，自俸甚薄，却一直慷慨地资助家庭贫困的学生，帮助学生走过最困难的人生阶段。教师的这种美德让学生感受到博大的爱，仁爱的情感也就能这样传给下一代。

教会学生善良，是“文革”中我在农村当代课教师时就考虑过的事。农民的纯朴感染了我。“文革”摧毁了人仅存的一点善良，而贫苦农民的善良让我看到了高贵的宽容。当年，我见过青年学生无情地批斗“反动学术权威”、“走资本主义道路的当权派”、“反革命修正主义分子”，看过青年农民批斗“地富反坏右”。我亲眼看到中学生用铜头皮带打退休教师，看到大学生把墨汁浇在教授头顶上，看到几十个“权威”被所谓红卫兵“坐飞机”架上大会堂舞台……可能是我中的“毒”太深，就在那时候，我想到过，这些人也有家庭，有自己的尊严，如此侮辱他们的人格，他们将怎样活下去？这些人，即使是反动的，即使是革命的敌人，但是他们的年龄应当受到尊重，人格应当得到尊重。年轻人对老年人下手，这是勇敢吗？中国人是讲“因果报应”的，没过多少年，“报应”也就来了。

我到中年后才有了一些醒悟和思考。中国世俗社会一向没有什么信仰，人的善恶意识来自简单的道德判断，在一般人眼中，悲天悯人是圣人的情感，因此同情与怜悯就未必是一般人的“任务”。在中国的寺庙里，人们在求神明保佑的时候投下零星的硬币，如同对乞丐的施舍，这足以说明，人们对神圣貌似尊崇，实则轻蔑，带有极大的功利性。与此相反的是，当“红太阳”倡言“造反”时，人的内心压抑不住的邪恶便全部释放出来；暴力之外，又倡导冷酷，所谓“对敌人要像秋风扫落叶一样冷酷无情”，在颠倒黑白的年代里，这样的话在暗示着什么呢？我又想到，“文革”中被批斗的先生们，在此前的运动中，手上有没有无辜者的血呢？因为没有同情，也就没有了良知。相比而言，同情是近于本能的基本情感。物伤其类，人怎么可以发明那样多的酷刑折磨同类，而且是“以革命的名义”？

如果人间有同情，有爱，会出现那悲惨的十年吗？

我逐渐懂得，对没有觉醒的民族而言，它的本能同情并不能衍生出博爱；而如果人没有真正的自尊，他的情感是会被强权玩弄的。

7. 人，不能和野兽一样

读过汪曾祺的《虐猫》，想起小时候做过的一些事，问学生：你们虐待过小动物吗？比如，用火烧蚂蚁？

近来总在想这些事，是想到善良的禀赋应当来自幼年的教养。不久前有报纸介绍过这样一则旧闻。第一次世界大战期间，1918年9月28日，在夺占马尔宽渡口的激战中，27岁的英国士兵坦迪在那场战斗中勇敢顽强，他跃出战壕，只身消灭了德军枪手，冒着敌人的炮火，率先在渡口架设木板，使部队顺利攻入德军阵地。枪声渐稀，坦迪视线中出现了一个瘸着腿的德军伤兵，这名德军伤兵精疲力竭，看到坦迪的枪口正指着他，他表情木然，似乎在等待着坦迪扣动扳机。这个束手待毙的伤兵就是29岁的德军下士阿道夫·希特勒。但是坦迪放下了枪，他后来说："我当时的确瞄准了，但我从来不射杀伤兵，我让他走掉了。"战后，坦迪获"维多利亚十字勋章"。意大利艺术家福蒂尼诺·马塔尼亚创作了一幅油画，画面的主体是英雄士兵坦迪背着受伤的战友。

1938年，英国首相张伯伦与希特勒在德国慕尼黑做政治交易，他在希特勒的客厅里看到马塔尼亚当年为坦迪所作画像的复制品。希特勒告诉张伯伦，正是画中的这个英国士兵当年放走了自己，希望首相回国后向这位英国"救命恩人"转达他的感谢。消息传到英国国内，举国哗然，坦迪也没想到自己当年放走的那个伤兵已经成了战争狂人。由于坦迪的"善行"，欧洲陷入一场浩劫，几千万人丧失了生命。1940年，当坦迪目睹考文垂被德国空军夷为平地时，他深深地后悔自己放走了恶魔。

这则有传奇性的旧闻被多家报纸转载，我从没听说这个故事，弄不清虚实，但是我相信会有坦迪那样的士兵。而且我认为，当年的坦迪没有做错，因为他面对的希特勒是伤兵。

有意思的是在刊登英雄士兵坦迪故事的这张报纸上，还有一则南京新闻。有小偷入室行窃，被人追赶，走投无路，逃上城墙，将尼龙绳系在灌木树根上，拽着绳子下滑，隐藏在距城墙顶部 2 米处，双手抓着绳子不动弹，这里离地还有六七米高，随时都可能坠下城墙。民警接警赶到现场，发现悬挂在城墙上的小偷在发抖，很可能要摔下去。民警和消防队员立即救援，10 名消防队员悄悄地爬上城墙。为了吸引该男子的注意力，民警在城墙下大声喊话。消防队员系着安全带迅速从城墙上滑下，一下子抱住小偷。没想到小偷像疯了一样，对抱着他的消防队员又踢又咬，二人在半空中荡来荡去近 10 分钟，消防队员的手被咬得鲜血直流，忍着疼痛仍死死地抱住他不放。见小偷如此疯狂，围观群众气愤地大喊："让他摔死算了！"事后，有人问警察为什么冒着危险救一个小偷，警察说："首先应当想到他是一个人，即使是犯罪嫌疑人，也是人。"——我必须承认，这是近年听到的警察说出的最有水平的话。你说，这样一位警察，他会去伤害无辜吗？他会用刑讯逼供吗？他会去敲诈勒索吗？

放下报纸，又想起英国作家奥威尔的故事。1936 年，奥威尔去西班牙参加反法西斯的战斗。有一天，他在前沿阵地用狙击步枪寻找目标，忽然，他发现了对方阵地上有人活动，一个光着脊背的士兵正提着裤子找地方解手，奥威尔只要轻轻一扣扳机，提着裤子的士兵就会稀里糊涂地送命。奥威尔始终没有开枪。后来奥威尔在战争中负了重伤，他在回忆起这件事的时候，丝毫也没有后悔。

这就是真正的战士与纳粹的区别。

法西斯为什么被善良的人厌恶？当法西斯用刀枪屠戮无辜的手无寸铁的人时，他就显示出了与人的距离。

我的学生对上面的故事感到困惑不解。而我对他们的不解也感到不解，他们的血管中何以与生俱来地流淌着复仇的热血？昨天的“阶级斗争”仍以残酷的面目留在青少年的读物中，留在提供给他们看的电影、电视中，现今的文艺作品则往往充斥着血腥和暴力……灌输给青少年一代的就是这种以眼还眼、以牙还牙的逻辑。不仅是战争，在他们所面对的生活中，处处充斥着暴力语言，“你死我活”、“拼搏”、“适者生存”……就连学习排名次，也会有“我把 ××× 踩在脚下”、“我报了一箭之仇”这类让人心惊的语言。轻松即如体育比赛，也处处可以看到人性阴暗残忍的一面。美国有一种“摔角”，彪形大汉在台上打得不亦乐乎，手狠得不得了，据说就是为满足观众“暴力快感”。而 10 多年前，观看一场女排国际比赛，当中国队员跃起扣球时，全场几千观众竟齐声有节奏地高喊“打死她！”“打死她！”——要打死的不是球，人们显然是在发泄另一种情绪。体育比赛中的胜负，报刊常用很血腥的语言表明己方的胜利，如“××× 力斩 ×××”、“荡平 ×××”……

有人把宋襄公的仁义说成是“蠢猪式的仁义”，宋襄公是有点愚不可及，但是，在以杀害人民为最终结果的战争中，他提出“不重伤，不禽二毛”，有什么可指责的？如果诸侯都能这样假仁假义，老百姓可能还能有一条活路呢！这比革命家动不动说不怕原子弹，死几亿人不要紧之类，要中听得多。

“文革”结束后，教育界曾经有一种声音，用“十年浩劫”去比“‘文革’前十七年”，主张恢复“文革”前十七年的教育。这种比法是缺乏理智的。——正是“十七年”教育路线的错误，导致“文革”开始阶段的残酷与疯狂！我回忆自己自幼年受到的教育，被反复灌输的是“对敌人要像秋风扫落叶一样冷酷无情”，“不要怜惜蛇一样的恶人”……虽然我至今仍然坚持最基本的善恶观，但是回忆少年时代的经历，仍旧不寒而栗，因为我直到从事教育工作以后才真正明白，要一个涉世不深的孩子学会“冷酷无情”会有什么样的后果！在他们无法辨别“谁是我们的敌人，谁是我们的朋友”时，他们很可能会把任何人都怀疑为恶魔，进而冷酷地剥夺其自由或生命。

如果我们可以向一个伤兵开枪，我们也会毫不怜惜地杀害战俘。应当承认，我们中国有杀害俘虏的传统。白起坑赵卒42万，项羽坑秦卒20多万，都是人类历史上骇人听闻的残暴行为。即使李广那样被司马迁高度评价的名将，也有过坑杀俘虏的经历。20世纪30年代宋哲元治陕，为根治匪患，曾一次当众屠杀俘虏3500人，全用大刀砍头。那样残暴的行径也才过去70多年。

我并不是非暴力主义者，我甚至也经常主张以眼还眼，以牙还牙。我反对向暴力低头乞怜，但是，我不能接受向弱者开枪或是凌辱弱者的行为。“文革”中，不是常有人被从病房强行带出去“接受审查”，继而带着一身伤痕莫名其妙地死去吗？不也有老人和妇女倒在皮鞭和棍棒下吗？那些十六七岁的女孩子，不是也以打人取乐吗？这是什么样的教育种下的仇恨？我坚持认为，应当告诉中国的下一代，我们曾在什么样的环境中生活过。

中国历史，特别是封建专制史，写满了暴力与血腥，如果能引导青少年在认识中国文化光辉灿烂的同时，也让他们通过理性的反思与批判，正确认识中国历史中反人性的丑恶残暴的一面，这样，有利于传承中国优良文化，更有利于让青少年认识到人的尊严，从而培养人的现代意识。

人，不能和野兽一样。

8. 幸福的高三

估计高三的同学们看了这个题目，会认为我是在唱高调，甚或有人会认为这是文字游戏。记得 17 年前第一次把这五个字作为作文题写在黑板上时，有同学在下面大呼："老师，漏啦！"漏了什么了？学生说："引号，'幸福'上面应当有引号！"结果引出一片笑声。

——有引号吗？没有。在我看来，高三应当是幸福的。

首先是因为你能读到高三。想想我们的前辈，战乱加动乱，很少能有机会读到高中毕业的。说起来很伤感，我是高中教师，可是我一天高中也没读过。1966 年夏天，"文革"爆发，正在准备考高中的我从此失学，直到动乱结束，恢复了高考，我才又回到课堂。但是，我最遗憾的是我没有了高中时代！高中，是人生观、世界观开始形成的时期，你的目光开始变得高远，你接受了基本完整的教育，在得到知识的同时，你也得到了友情，你已经有了自己的一个世界。你读了 12 年书，在同龄人中，也算个"知识分子"了，你有了独立的意识，有了对自由的追求和向往，能用自己的头脑思考问题，还有什么比这更幸福的呢？

其次，因为有比较稳定的高考制度。你毕竟拥有上大学的机会，能继续学习，能做更多的事，你的生存质量会更高。能为更美好的明天去奋斗，当然是幸福的。

我是多么羡慕你们的生活啊！

是的，奋斗是一种幸福。作为老教师，我比一般人更了解高三学习的辛苦和紧张。我总是告诉同学们，过了这一关，新的天地就出现在你的眼前了；高三的学习是辛苦一些，可是如果不付出一些代价，就无法跨越这道“关卡”，退路是没有的。有的同学对高考有畏惧，是因为他们把结果看得太重要。结果固然重要，但是比结果更有意义的是奋斗的过程。走过高三之后，回望高三，你会为自己有这样一段经历而庆幸，因为这是你一生奋斗的起点。在以后的岁月中，你的路还可能有曲折，可能会有这样那样的磨难，但是你有过高三，经历过高考，那时候你也许会说:“高三我都过来了，我还有什么可怕的？”——那种感觉，真好！

其实，用相对集中的一段时间对高中三年所学的内容做一次系统的梳理，并不是一件很难的事，况且这种付出还是有价值的。人生有时候不得不做些当时看不到希望，却在以后岁月中能起作用的事——如果退一步这样思考，也能轻松一些。

高考实在不是个理想的制度，它有很多不合理的地方，但是以目前的社会条件，我们不得不采用这个制度，或者说得难听一些：以目前社会的文明状况，我们也只配用这个制度，因为它毕竟还比较公平。如果不采用这个制度，恐怕大部分同学连上大学的机会也没有，中国的昨天已经告诉我们这一点。

有位同学经过思考后庄重地在文章中写下:“如果有那么一天，我们不再需要这样经过努力，每个人都能轻松地进入自己喜爱的大学；如果有那么一天，我们面前不再有任何困难和障碍；如果有那么一天，不需要再为就业而奋斗了，所有的人都告诉我们：从此一片坦途，你们不需要奋斗了——那么，要我们这一代人干什么呢？”

没有什么能比在十八岁时奋斗一场更幸福的了！

9. 母亲教我的歌

我多次向朋友们推荐过德国作家魏斯科普夫的随笔《铅笔》。1936年西班牙内战时，有一次，佛朗哥军团突破了共和军的阵地，在紧要关头，国际纵队的参谋长路德维希·雷恩（也是德国作家）连手中的铅笔也没来得及放下就冲出指挥部，挡住了正在溃逃的共和军队伍，他冷静地把溃散的队伍组织起来进行反击，控制住战场局面。当他的副官赶来时，雷恩把被子弹打断的铅笔递给他，说："我母亲总是叮嘱我对借来的东西特别留意，我真不知道这一回怎么没想到这一点。"

不久前，在电视台的一次活动中，有中学生向老人们提问，其中有一个问题是："你一生中最值得记忆的教育是什么？"有位曾任市委书记的八旬老人回答说："是小时候我父亲对我的教育。"话音刚落，全场鼓掌。问一位学生为什么感到意外，他说，我原以为他会操着官腔说一大堆废话套话的。

一说就刹不住，干脆再说一件。河南省卫辉市市委副书记吴金印，20多年中曾先后任过五个乡的负责人，办了不少德政，他每离开一地，老百姓都要自发地为他立碑。他说："我吃的穿的都是农民的劳作，我的工资是农民交的税金。农民养一只鸡一年还能下一窝蛋，养个干部不做事，那不是不如鸡吗？"一番话说得朴实感人，道理全在其中了。记者问他的精神支柱是什么，他说："从小母亲就教导我：你是农民的儿子，是农民养活了你。所以我时时不忘农民的艰辛。"

只说这三件事，如果要找，还可以举出更多。以三位人物的地位、身份，似乎都有说一番玄妙高论的资格；以他们的学识经历，口若悬河地说两小时的“心得体会”也不该是难事，但他们却把自己所做的一切和最朴实的家庭教养联系起来。父母教给他们的美德，使他们刻骨铭心，终生不忘。

少年儿童在长成时期，父母是最早的老师。面对最早接触到的生活矛盾，孩子首先总会学习父母的态度。为父母者必须承担起教育子女的责任。古训认定“养不教，父之过”，因此，给子女以仁慈善良、互助友爱、克己奉人、节俭朴素、自尊自爱诸方面的教育，父母都有义不容辞的责任。这类教育，就是要给下一代留下一粒真善美的种子。只要种下这粒种子，它就能倔强地成长，即使在恶劣的环境中，它也能保存着。在以往的政治运动中，在没有法制的环境中，有的人即使受蒙蔽，也能不做伤天害理的事，尽可能地保护同志，维护公正，和这样的早期教育不能说没有关系。反之，邪恶的种子一旦植入，迟早也将给孩子带来无穷无尽的灾难。有新派教育家发议论，说中国的教育培养的是驯服温顺的“羊”，西方教育培养的是有竞争力的“狼”，我就极其担心邪恶的教育在未来仍旧有市场。为什么他们的教育观中始终就没有“人”的概念呢？

由此想到，在倡导建设文明社会的今天，更应重视“家风建设”，不仅要把家教纳入社会文明建设的轨道，而且要把它放在一个更重要的位置。

当我幼年的时候，
母亲教我歌唱。
在她慈爱的眼里，
隐约闪着泪光。
如今我教我的孩子们，
唱这首难忘的歌曲，
我的辛酸的眼泪，
滴滴流在我这憔悴的脸上……

这是捷克音乐家德沃夏克的《母亲教我的歌》，我喜欢这首歌的歌名。让我们在这样的歌声中去追求真善美吧！

10. 期待伟大的歌

参加学生组织的晚会，他们唱的歌，我几乎一首也听不明白，却又得在学生面前装作很开心的样子，真是很苦恼。在某处小住，隔壁大概住了位新青年，到了晚上，放摇滚乐，震天响，间以激情嚎叫，撕心裂肺，声极悲惨，如欲死不能。想象中那该是位“哈 × 小子”，染一头黄毛，一侧耳垂上悬一铜环，项上以红绳挂白石骷髅一枚……然数日间仅见一温文尔雅书生出入，不见有异端。人真不可貌相。此人开着音响嚎叫到半夜，我实在听不懂那些声音怎么可以算作“乐”。我现在识相多了，轻易不敢说三道四。如青少年爱吃奶油蛋糕，只要不攻击老年人吃油条，就可称之为胸怀博大。

青少年听的尽是这样的歌，使我感到一个时代过去了。我很喜欢一组合唱，叫作《民族之声》，收入的都是 20 世纪 30 年代的救亡歌曲。当年我的学生也爱听，后来有位家长（王蘧常先生哲嗣）还特意请女儿来翻录，他告诉我，当年他就是在那样的歌声中读懂了民族精神的。我认为，在青少年的心灵深处，应当为他们埋藏下一些不朽的旋律，即使浮靡之声充斥耳际，终会有一天，厚重的民族之声、圣洁的古典交响乐会召唤他们的心灵智慧，为他们打开新世界的门。

听俄罗斯歌舞团的合唱《卡林卡》《夜莺》，演员着民族服装，端庄典雅，即使不开腔，浑身也透脱出美妙的旋律。民族歌舞就应该讲究原汁原味。听俄罗斯民歌，常常能放下手中的事，沉浸于凝重浑厚的历史，眼前出现辽阔的地平线。《在贝加尔湖草原》《伏尔加河船夫曲》，唱出的是苦难，柴可夫斯基《如歌的行板》就是直接从悲伤的民歌中得到启迪的。厚重的民族文化，像辽阔肥沃的土地，滋养着一代代的俄罗斯人。中国的歌星给青少年带来了些什么呢？有些歌星上台时就像刚从床上摸爬起来一样，两眼惺忪，着装大多像睡衣。我特别怕他们用这种姿态唱民歌。我也讨厌不懂民歌的人唱民歌，同样也讨厌把唱歌作为政治说教。有的歌手——恕不点名了，不管如何装扮，一开口唱起来，那气势或功架都像是有一定级别的干部，一旦他们的声音传过来，我就宁愿去听一场正统报告。歌曲是民族之声，应当厚重，中国的歌曲从什么时候变成一个调儿的？插科打诨油腔滑调的《东北人都是活雷锋》是对“软歌”、“嗲歌”的一种反动，也只能博开怀一笑。有人评价春节晚会歌曲俗，其实晚会主要是为满足中国人讲吉利的心理需要，中国人是快乐的民族，你能在那种晚会上吟唱苦难吗？

我想听合唱，可是现今几乎所有的合唱歌曲全是“教育腔”。我已经被这样的歌教育了半个世纪，向我开展教育的中国歌人已有几批弃世了，我们活着的人也已经被他们的教育功架弄得过敏，可是不知为什么，他们总还认为自己是成功的，仍在前仆后继。前不久有节目介绍著名作曲家的大作，我就想起他们也写过不少“脍炙人口的语录歌”一类，忽然替他们难堪起来。

没有伟大歌声的民族是没有出路的民族。因为没有歌声，就有可能去卧鸦片烟榻，或是围坐麻将桌边，当然，更会对看杀头感兴趣，进而可能想去批斗别人……我常想，那些优秀的民族歌曲到哪里去了？真正的民族音乐到哪里去了？我还是在问。如果有那么一天，舞台上出现了高雅的民族音乐而青年们不能接受的话，那该由谁来承担责任呢？

光未然去世，讣告在他的姓名前列了一串头衔，可是偏偏漏了一个最重要的——“《黄河大合唱》的词作者”。如果我当报纸总编，这则消息的标题就用“《黄河大合唱》词作者光未然去世”——诗人一生只要写出这样一首伟大的歌，亦复何求？近来常看到“文艺工作者”坐在镜头前津津乐道自己的创作，大谈晚会的创意，总以为自己是中国第一，面有得色，不闻有汗。这是当下的“亮丽的风景线”，自然也就没有人来听我的悖时话了。

第二辑

我美丽，因为我在思想

1. 永远的山峰

程千帆教授辞世后，他的友人和弟子写了许多回忆文章，收在《程千帆先生纪念文集》中，读后感慨良多。近一段时间，舆论关注高校学术纯洁问题，多年来让人大伤脑筋的学术道德问题终于引起关注。当此之际，重读程千帆先生事迹，为学界有这样的表率而感到欣慰。

程千帆先生晚年执教南京大学，以十几年的时间，培养硕士 9 名（一说近 20 名）、博士 10 名。这个数字，远不及一些普通院校“博导”的“实绩”，但是中国古典文学研究中出现“程门弟子”这个公认说法，却是不争的事实。当年南大请程千帆带博士时，他有所顾虑而推辞，直至了解了海外博士的论文水平，才答应下来。我看到这里感到奇怪：现在教授们的胆量怎么都比程千帆要大？不少人从教基础课改而“导博”只需两三年时间，为评上“博导”，许多先生奋不顾身，动足了学问之外的脑筋。有些“博导”仅凭一本书从讲师而副教授而教授而博导，有的则纯粹是“玩票”的。

无论在道德上还是在学术上，程千帆先生律已甚严，对其弟子也严，对那种旨在拉关系的行为，他极度反感。他的弟子，因为作业书写潦草而被打了大红叉的有之，因为做人不认真被他当面训斥的有之。有件事很能说明他的师德。几位硕士生春节后返校，给他带了点土特产，当今之世，这种事不算什么，然而却引得他发怒，犯病住院。他对助手说，在读的学生，要拿学位，易于功利，不能让这种事发生在自己身边。据其弟子说，他曾认为高校博士生、硕士生悉数能通过答辩而获得学位是重大失误，认为那会导致不堪收拾的后果。在面试考生时，他曾严肃地问：

你来拿这顶博士帽，回去是从政还是想做学问？如果你要从政，现在就可以回去了。

新近有位教授痛陈高校腐败现象，愤言“大学死了”。有的院校，早已像名利场，不学无术之辈滥竽充数其间，学术空气污浊不堪；教授不“教”不“授”不研究，靠学生的努力混饭吃；有的则公开经商，做起了大买卖；而“学术腐败”早就不是什么秘密了。更有教授热衷于官场应酬，捞取各种称号与荣誉，名片罗列的头衔动辄一二十个。曾有报道批评南京某大学教授职称过滥，几位资深教授向校方提出：如果报纸说错了，应依法起诉；如果批评属实，应当向社会有个交代。——偏偏结果是传统的第三种“如果”：不吱声。行政上放出话来：你们退休了，知道学校的难处吗？另有名校，竟然跑到外省某县级市办了硕士班，据说新近还要办“博士班”——只要付钱，博士帽对官场可以批发，新称“权学交易”。如今许多不学无术的小官僚一夜之间成了硕士、博士，这种践踏学术尊严的行径，竟然成为风气，成了尽人皆知的升官捷径，保官的护身符。

要求会计不作假账，商家不卖假货，做官的不爱钱，警察不要态度……时下似乎流行这些所谓的“底线”。一个人仅凭坚持“底线”能否成为优秀人物，在这里不遑多论，我只想说，如果参照其他行业，拟大学的“底线”为“不卖文凭”、教授的道德“底线”是“不剽窃”的话，那么高等教育何日才能货真价实？

评价程千帆教授，也许任何赞语都是多余的，他的一生所昭示的教育风范与学术尊严，如同一座永远的山峰。

2. 我美丽，因为我在思想

有同行问我这一年有没有好的作文题，我想了想，今年（2002 年）我出的比较满意的题目大概要算《我美丽，因为我在思想》。——我有点偏爱这道作文题，因为它能在智者那里产生震撼。我在任教班级试了一下，看到一些很有思想深度的习作。我也想请同行考虑一下这个题目。

语文老师应当是思想者。语文课应当担负起思想启蒙的任务。谁能想象一个志在立言以立人的教师没有自己的思想。我很想知道，有多少人能接受“语文教师应当是思想者”这样的思想。教师是工作者，教师是劳动者，教师是指导者——这些，人们能接受，偏偏一说到“思想者”，作为教师本身，或是受宠若惊，或是惶恐不安，岂非咄咄怪事？

我们的确有过不需要思想的年代，有思想就是罪过，至今，世俗的活命观仍旧以没有思想锋芒，不辨泾清渭浊为圆通之道，而可悲在于“混吃等死”的乡愿作风在教育界有着深厚的基础。在一所观念保守的学校里，只要语文教师安分守己，死水无波就可以保证长治久安；而有一点新锐思想，有独立意识的语文教师，在学校里总是首先受到怀疑与压制。这也是造成教学改革长期劳而无功的一个基本因素。

想起 16 年前的一次公开课，教马识途先生的大作《我们打了一个大胜仗》。当时我对传媒不能如实报道灾害损失感到不解，所以在授课时，我要求学生“找一找这篇课文中的一个大毛病”。经过 20 分钟的阅读，学生发现了：这篇文章中，有工厂、农田、水利设施、房屋等具体的损失数字，而这么大的洪水，居然没有人的伤亡数字（非正式消息：1980 年四川洪水死亡人数在 8000 左右）。在学生提出这个问题之后，课堂被

“反叛气氛”笼罩了。——我不能漠视学生的质疑，我确实是有意识引导学生“背纲离本”的，我就是要启发学生通过文本的话语去发现生活中的荒唐逻辑。我想让学生懂得：任何漠视人的生命的言论与行为，不管披上什么样的外衣与光环，实际都是假神圣，都是愚蠢的，不人道的，不应当成为语文学习内容；当然，我还认为这样的教科书是对人性的戕害，是对生命尊严的亵渎。我又让学生思考：既然大家都不能接受这样的新闻报道，为什么它竟然可以进教科书？为什么我们的电视新闻不报道灾害场面，不公布伤亡人数，而西方媒体对诸如因暴风雨而死亡一人，因雪崩而失踪两人，因撞车而导致人受伤，都一一报道，难道中国人的生命就没有价值？……我并没有就课文去谈新闻报道的写法——没有真实，没有珍视生命的意识，这种“新闻报道”，不学也罢。

当年，这样上课是会招致攻击的，但是一想到人的生命竟然渺小低贱到那种地步，实在难以平抑内心的愤恨。我了解当时的政治环境，我也理解作者的苦衷，可是，如果我们明明知道事实的真相，明明对人的重大牺牲感到震惊，却在那里鹦鹉学舌，这就不仅是对别人的伤害，也是缺乏自尊的表现。那节课，学生的讨论是热烈的，听课的同行们是激动而害怕的，而我个人认为，这节课的成功在于思想的启蒙。值得一提的是，几年以后，我国的新闻报道开始公开因灾害而伤亡的人数。

终身学习的立身之本究竟是什么？是独立思考精神。一个学生，只有成为一个思想者，他才能有充实的内心，才有可能始终充满活力，才能称得上知识分子。一般而言，学生缺乏批判能力，在于教师自身缺乏批判意识和怀疑精神。没有这样的能力背景,教育的“创新”从何而来？我们也应当考虑一下：现今的教学有没有给学生创造“批判的环境”？如果学生对教学内容不敢有个人观点，如果学生连校政都不敢评论，把教师、家长的话奉若金科玉律，如果学生对社会灌输给他的任何东西都“坚信不疑”，会有什么结果？现今课堂上最缺少的通用语是“我认为”——教师没有经过思考的“我认为”，学生就更不敢说，久之也自然不会说出这个“我认为”，因而学校只能教出一群精神侏儒，只能培养驯服的思想奴隶。想一想“文革”造成的几代人的愚昧疯狂，想一想近年伪科学的猖獗，就该知道：培养学生的怀疑精神，是为他们打好人文“底子”的重要措施。这个任务，只有思想者才能完成。一个优秀的教师，也需要时常地提醒学生学会识别皇帝的新衣。

不敢想，是因为不准说、不能说、不敢说，从指鹿为马的时代开始，就有了能不能说真话的问题。想来西方亦然，否则不可能有皇帝的新衣一说。这就是说，只要专制主义存在一天，说真话就得需要勇气。多年以来，我一直感到悲哀的是：我们中国经常表扬一个人能说真话，经常听到称赞某人“敢说真话”，民间也把“我对你说句真话”当作是对知己的优待，然而，这些在有头脑的人看来，会不会成为无法理解的事？如果有一天，我们的民族能把那些说真话的人称为“一个能正常说话的人”，该是多么令人向往的事！

如果教师没有独立思考精神，他的学生就很难有独立思考的意识。常有教师批评学生作文“没有思想”，然而教师大量的所谓“教学论文”与“德育论文”完全是文件资料的克隆与重组，没有独立的思考，缺乏个人智慧。面对一本教参，他不敢说“不”；面对外行领导的错误指责，他会立刻匍匐在地。教师丧失了独立思考精神乃至丧失尊严，能靠他去“立人”吗？

我一直有这样的观点：语文教师不能跪着教语文，如果教师是跪着的，他的学生就只能趴在地上了。

3. 教师要有精神追求

每次看到于漪老师，总是担心她的健康，毕竟是古稀之人了，半生辛劳和对教育的忧思永远地刻在她的心间，虽然清癯的面容上不减宽厚仁慈和希望。每次见到她则总感欣慰，她的职业敏锐和对新事物的追索，使许多青年同行难望其项背。她的精神是年轻的。有人说教师因为终日与青少年相处，即使岁月逝去，仍会显得年轻。

听于漪老师说话，很容易被触动，有些话总会让我想一阵子。这次她说的是：我一辈子教语文，一辈子学当语文教师。

——我相信她的话，所有认识于老师的同行都相信这是她的肺腑之言。我对于老师了解并不多，但是她待人平易真诚，知之为知之，不知为不知，把语文教学当作毕生事业，更令人敬重的是她鄙视功名利禄，为人正派，不说假话。一位优秀的教师，应当是有批判精神的思想者，这是“匠”难以达到的境界。以于漪为代表的那一代杰出教师之所以在长年从教后仍然能保持对新思想、新事物的敏感，能对未知领域不停地探索，能始终对教学保持浓厚兴趣，并永远地有一颗赤子之心，全在于他们灵魂中那种“热爱”的禀赋。——就教师的职业性质而言，对教学工作的机械重复，对学生的冷漠，对生活的冷漠是对职业的亵渎。有了热爱的品质，教师才能知道自己的不足，才能保有职业的激情，才能不断地进德修业，才能不断地有所发现和创造——自然，才有可能成为高尚的人。

想起这个问题是因为看到不少同行热衷于沽名钓誉，不学无术而荣誉成堆，还没有到年老眼花，就坚决地不读书、不学习了。有些教师则以做官为人生目标，以玩乐为能事，听他们谈教学就像看到“业余教师”一样，他们终年不看一本新书，有的教师甚至说不出任何专业刊物的名称，但是他能说出很多官场信息和新车的款式，他们知道本城所有的娱乐场所并从不错过一次逍遥的机会。想到教师的勤恳工作，我本不想说这些。一如闹“非典”时期，医护工作者平素的种种毛病，大家都不忍心去提了，其实谁都知道，穿白衣的人并非都是天使。

上个月有事到上海，路过杨浦中学，不知为什么就下了车，站在那里看了一会儿。我喜欢看老学校，面对老树、老房子，无论你的思绪飞到多远，回旋过来的都是年轻的笑声。于老师在这里度过了半个世纪。当年，青年于漪从名牌大学毕业走进这所学校的时候，她想过些什么呢？今天，老年于漪路过这所学校时又在想什么呢？我不追星，可是我尊敬每一位为理想终生实践的人。一个人能以毕生精力做成一件事，或者说努力去做好一件事，说起来容易，做起来有多难啊！为自己的理想而活着，认真地思考，庄严地工作的人，他的灵魂是高贵的。

我认为，评价一位教师的工作，简而言之可以是三句话：让学生喜欢你的课，让学生喜欢你任教的学科，让学生有终身学习的意识。每每听到学生说不喜欢语文课，不喜欢文学，我就疑心他有个不称职的语文教师或是缺少家庭文化教养。前些年我说过，语文教师能把课上到学生毫无兴趣也不是一件容易事——我不认为这话说得刻薄。因为语文是最有灵性的学科，教师不仅仅传授知识，还与学生交流情感，共同浸润其中；如果把语文课弱化为简单记忆训练，这是谁都能做到的事，假如教师的工作谁都能够替代，这种职业又能有什么地位？所以，一定要让学生喜欢你的课（有的同行更明白地说成“要让学生喜欢教师”），道理很简单：我们和学生之间需要桥梁，这个桥梁就是语文，语文是人与人情感交流的重要途径。

2003年9月，参加教育部讲学团赴云南支教。有一夜住在某县宾馆，楼上是卡拉OK包房，一群青年吼唱到凌晨不歇气，让人无法入睡。与宾馆交涉，宾馆根本不管。那一夜天快亮时我才睡了一会儿，上午强打起精神作报告，场上有七八百名教师，许多教师抽烟说话，我很有意见。当地同行说，有的教师除了搞家教，干什么都没有兴趣，而有的校长除了喝酒打牌玩狗，对教学也没有兴趣，等等。

我听了很生气，就在报告中谈起了教师要有精神追求。我说，你们自称穷县，需要外地教师来送教，可是城里一条街上就有近百家饭店，洗头房洗脚房鳞次栉比，到处是懒散的人，到处听到麻将声，到处看到吃喝玩乐的干部，这中间究竟有没有教师？诚如爱伦堡所说，一边是庄严的工作，一边是荒淫无耻……事后有几个教师对我说，你批评得对极了，我们这里许多教师就是没有任何精神追求，真正的是“混吃等死”。

中国人并不重视信仰，对什么问题都比较随便，这就形成了许多教育难题。教师没有信仰，没有精神追求，他的学生很难成为站立起来的人。

夏天去俄罗斯，拜谒了莫斯科新圣女公墓和圣彼得堡亚历山大列夫斯基修道院公墓，这两处公墓里安息着一批文化名流、科学家与政要，如果戈理、陀思妥耶夫斯基、鲍罗廷、鲁宾斯坦、图波列夫、乌兰诺娃、赫鲁晓夫、葛罗米柯等等，我注意到，翻译在介绍逝者的职业时，没提到有教师，当时我想到俄罗斯的情况也和中国相似。但是最后我还是回到了自己的最早的想法上——是的，教师能不能成为社会关注的目标并不重要，重要的是，每一位埋在这里的名人或是伟人，他们都有过自己的语文教师。

4. 做最出色的教师

前些时候，到上海市打虎山路第一小学去听课，在校门口，看到校名是该校一小学生题写的，就觉得这所学校有点意思。进了大门，先到的钱理群教授站在那儿，说："我在等你呢，你过来看看。"他的手指着的门厅壁上镌着几行大字："我希望自己拥有最出色的学生，所以我必须使自己成为最出色的教师。"落款是"朱亦磊"。我不知道朱亦磊是何许人，校长说，是他们学校的教师，因为朱老师写出的这句话代表了教师的心声，所以学校决定用他（她？）的话作为警言训词。钱理群说，我认为你一定会有所想，并能写出一篇文章。

我当然有很多感触。两个月过去了，那一幕始终在眼前浮动。我不认识朱亦磊老师，但是通过这句话我认识了朱老师。一位教师，只有不断地进德修业，把自己的工作和学生的成长结合起来，让自己成为学生的表率，才能得到学生的敬重，才能让学生成为真正的人。这是常识问题，无须多说了。朱老师的话，也启发我思考另外一些问题。时下教育界时髦的话题很多，我拙于追风，不敢隔席论道，每每被视为落伍者。所以有关学生人文精神的培养问题，我只说"只要肯读书，什么都好办"。现在，我又觉得，在教师进修问题上，也得用这句话。——要让自己的学生出色，教师必须出色；想让学生多读书，教师首先应当多读书，自觉地多读书。然而恰恰在这一问题上出现了令人尴尬的局面。学生超越教师，是教育的成功，也是教育的希望；然而如果教师太容易超越，我看真不是什么幸事。现在一些教师并没有提高自己的意识，诱惑太多，在一些学校里，一线教师几乎成了"无能无用"的代名词，一些教师到了教育岗位，很快就钻营仕途，不愿意钻研教学，在他们看来，辛苦半生从事教学不如弄个小官做做。我至今才搞清楚，毛泽东说的“鄙薄技术工作，以为不足道，以为无出路”，其实是对官迷的委婉批评。今年，我在一些场合提出要“建立一支以从事一线教学为荣的青年骨干教师队伍”，就是这个意思，不想就有人嗅出了弦外之音，针锋相对，立刻提出“重要的是培养青年管理人才”。其实，我认为两句话也未必形成冲突，人各有志而已。不过，从中国教育现状出发，从培养学生的目标考虑，社会最需要的是优秀的教师。同行交流时发现，在很多学校里，教师业务不行，工作态度差，连备课笔记也不会写，最怕别人来听课评课，可是一旦钻营为官，就可以“狠抓”别人的工作态度，查别人的备课笔记，去听别人的课……而他自己则有了道貌岸然的资格。这类可笑的现象比比皆是。

做一个真正的教师，不受这样的诱惑，究竟有多难呢？有位留学生很有感触地告诉我一件事，他在美国读博士，学习紧张，生活艰苦，每天都很疲劳。有位非洲同学和他交流，对留学生活有同样的感受，但是这位非洲同学说：“你知道吗？我每天早晨起来都有一件最高兴的事——我眼睛睁开时就会想到：我有一位伟大的老师。”——因为有一位伟大的老师，因为每天能见到这位伟大的老师，也因为从这位伟大的老师那里汲取到精神的源泉，获取生存的动力，就能有如此的愉快！

我们很平凡，但是我们的学生需要最出色的教师，需要伟大的老师。

5. 不要跪着读

经典是一个时代语文和人文的最高成就，青年时代读这样的书，会给一生的读书打好“底子”。在这种阅读中，培养人文精神，学会独立思考，终身受益。

说到读书、思考，我现在不大敢回想以前的事，我们那一代人太苦了！想起当年在农村读书的事，我对那种文化禁锢的残酷性体会特别深。专制时代，对思想者而言，无所谓监狱不监狱，不过是有人待在小监狱里，有人待在更大的监狱里罢了。“文革”中，大家在“革”文化的“命”，因而想读书就是罪过，而且没有书源，只能拣到什么读什么，后来我看到茨威格的小说《象棋的故事》，深有同感。那时候我把偷偷带下乡的几本小说翻烂了，一本是肖洛霍夫的《静静的顿河》，一本是柯切托夫的《叶尔绍夫兄弟》，后一本书的很多细节我甚至能完整地口述出来。还有一次，借到一本陶菊隐先生的名著《六君子传》，爱不释手，反复琢磨品味，后来我读其他史传，常会用这本书去作比较，眼光就不同了，能分辨出高下优劣。因为书多是借来的，所以那时读书几乎都记笔记。有次看一本俄国纪实小说《对马》，是写 1905 年日俄战争时对马海峡海战的，由于没有读过相关的历史资料，我在读书时把双方舰队的情况及在整个战役中的活动整理出来。这些整理出来的资料，除我以外，可能没有一个人会感兴趣，但是这是我的读书经历，所以我保留了很多年。

读书让我开始能清醒地认识自己所处的时代，也让我能预测未来——在那个年代，读书表现出了这种危险性。但是我不能放弃读书。你只要在书中吸到一口新鲜的空气，你只要在书中看到一丝光亮，你就能发现当年的社会现实是荒谬绝伦的。1973 年以后，认识了赋闲在家的剧作家陈白尘先生，蒙他不弃，在自顾不暇时给了我极多的帮助。他是太平天国史专家，借了不少有关资料给我。我前后读了两三年，大概把他家所藏的太平天国资料全都读完了。我读的时候，整理出一百多个重要人物的活动情况，记录和摘录的本子大概有两三公斤。值得一说的是，我从这些史料中没有看到“伟大”和“辉煌”，我对太平天国运动的性质得出了和正史完全不同的结论。陈白尘先生当时对我的放肆言论很不满，颇为失望，也有些担心。多年后读到潘旭澜先生的《太平杂说》，我的判断与他暗合，我曾托他的学生袁勇麟君转致我的敬意。后来我没有专门去研究历史，但是那一段读书生活养成了我搜集、整理资料，辨析问题的习惯。

常有人问，你为什么总是不忘旧事？我的回答是，不是我沉湎在历史中，而是历史还活在我们的生活中。记得 19 岁那年我竟然把一本搞来的《联共党史》反复读了好几遍，还做了笔记；可是越读越疑惑，越读越感到虚伪可怕，后来终于认识到那是一本“秽史”，而我当时的确是以极认真的态度读那本书的。我读那本书的时候，是怀着崇敬的心理的，但是出于正常人的心态，我不能相信一个政权有那么多的敌人，更不能相信自己的周围全是暗藏的敌人。理智与情感使我对肆意残杀无辜的人从生理上感到厌恶，更何况我曾目睹了“文革”初期的疯狂；其次，个人崇拜的持续力一向是有限的。最令我疑惑的就是国际共运史上此伏彼起的个人崇拜狂热，在读《联共党史》的那两年，国际上不管是哪种社会主义国家，共同之处，就是把民主集中制破坏得一干二净。那样的教训，总不是帝国主义分子的杜撰吧？为什么会有盲从和迷信？就在于人已经到了听任何话都不肯、不愿、不会动脑筋的地步，人的思想机械僵死了。我受了教育，得了启蒙，年龄也过了知天命之年，却总是有人把我们当作未开化的群氓，热情地辅导我们学习普及读物，使我在感受到大家庭炽热关怀的同时，也明白了这种暗示：必须要抬着头仰视理论家，哪怕他是自封的。用瞒和骗控制青少年的做法，和用亡国灭种的危言恐吓下一代后果一样。在瞒和骗中长大的人，思维是会有缺陷的，而一旦觉悟，就有可能转向虚无，什么都不信。所以，培养独立思考的一代，是教育最重要的任务。中国需要大批有独立思考精神的教师来做瞒和骗的掘墓人。

什么是教师？难道指的是那种“叫你干啥就干啥”的人吗？我认识的许多老教师曾经发出过共同的感慨：许多错事不是我们自己要做的，想想自己一生教书，跟得太紧，结果不得不像条变色龙一样变来变去，反而让学生笑话。因为教师是直接面对学生教学的，他也就直接地把错误教给了学生——从这个意义上而言，教师虽然不需要直接对民族不幸负责，但是他的工作又有多大的价值呢？教师对学生讲“学贵乎疑”，至多停留在对自然科学知识的学习上，这是很不够的。如果教师不敢于培养学生的怀疑精神，未免是叶公好龙。所以我认为，教师要学会教书，首先应当学会读书，学会思考。

读书也要站直了读，跪着读，和不读书差别不大。

6. “地动仪”真的那么灵吗

30 年前插队期间，听“形势报告”，说美国宇航员在太空飞行时，能看到的地球上的人类文化遗迹只有长城和荷兰的围海工程。不久又有消息，说这话是 1969 年 7 月人类首次登月的美国阿波罗 11 号飞船的宇航员阿姆斯特朗说的，但是话已经变成了“从月球上用肉眼能看到的人类最大工程是长城”。当时许多知青都感到不可思议，连小学生都认为这种说法违背起码的常识。人能在百米距离外用肉眼看清一根头发吗？如果这是吹牛，那所谓用肉眼在太空看长城必定是谬说。况且果真在太空用肉眼能看到长城，那么同样也能看到人类文明的许多遗存，这是不争的事实。不管是谁，只要有一点文化知识，能独立思考，判断这种说法的真伪实在不是一件难事。

对当年的知青而言，讨论这个问题有敏感性。“文革”后，这个说法仍不断地出现在各类文章中，继续流传，而且越发神奇。许多受过高等教育的官员、文化名流和教师都一本正经地以此为例，证明先人的伟大。我的几位同行，在学生作文中每见此例，都要写几句话纠正，引导学生质疑；然而三人成虎，以讹传讹，谬误成了真理，最后，谁也不想置喙了。

人类在太空和月球上真的能用肉眼直接看到长城吗？揭开这个谜，并不要很高深的知识和设备，可是直到近年，才有人出来澄清事实，原来宇航员没说过那样的话。我认为这是中国知识界最尴尬的事之一，在近 30 年的时间内，他们没有发出强有力的正确声音。

教师在教学中要同学生一道探究事理，探究一种现象的成因。不但要引导学生质疑，而且要教会他们大胆假设，拓宽求证的思路，在分析中展现独到的推理。新颖独到的见解，常在于对事物的大胆的怀疑。曾看到这样一则传说。20世纪初，德国的小学教科书上说打败拿破仑是德国人的力量，英国的小学教科书则说打败拿破仑完全是英国人的力量，各说各的话。罗素主张把这两种教科书放到一块让小学生读。有人担心这样做孩子们将无所适从，他们信谁的呢？罗素说，你教的学生开始怀疑了，你的教育就成功了。——这里的“怀疑”，内涵是“思考”，并不等同于“什么也不相信”。而反思中国的教育，当看到学生一双双眼睛流露疑惑时，社会是多么的恐慌啊！——高度紧张的“引导教育”，苦口婆心的“思想工作”，五花八门的“心理疏导”，都为了一个目标：让他相信我们让他听到看到的一切都是正确的；如果他有所怀疑，那是世界观有问题……

我们的教育就这样成功地驯养出一代代缺乏独立思考能力的“知识分子”。

40多年前读常识课本时，对张衡的“地动仪”产生怀疑，我认为只要地震震感传到洛阳，“地动仪”上的八条龙含着的铜丸都有可能掉下来，未必能灵敏到“虽一龙发机，而七首不动”。这个猜想虽屡遭痛击，却一直很顽固。我以为在科学高度发达的今天恢复这样一种仪器是轻而易举的事，何以无人去实践呢？我视野所及，好像还没有公开地论述对地动仪的真伪质疑。可是我作为教师，每教到《后汉书·张衡传》时，都会提出这样的疑问，我实在不相信“地动仪”能有那样的灵敏度。我也请教过一些物理教师与地理教师，他们也无法把“地动仪”的可能原理令人信服地说明白。现代科技完全有能力研究恢复或论证有记载的机械发明，何以连并不复杂的“地动仪”也恢复不了，而忍心让这个体现中华灿烂文明的有用之物“失传”呢？那个被传得神乎其神的“木牛流马”在多年研究后不是有了正确结论了吗？令人伤感的是对这样的问题，起先还有学生有兴趣去探究，随着应试教育的蓬勃发展，这类质疑竟越来越不合时宜了,学生越来越相信书本而漠视探索与发现。《张衡传》收入教材多年了，我不知道成千上万的教师是如何讲解“地动仪”的，我也不明白为什么千百万学生没有提出自己的疑问。当读到“验之以事，合契若神”时，他们真的相信吗?

不久前去云南“支教讲学”,在谈到变革学习方式时我举了“地动仪”的例子，说了我的怀疑，以此为证，主张探究式的教学。当看到满场狐疑的眼神时，我又想起了罗素的话。我想，这一猜想正确还是荒谬，并不重要;如果教育者不愿教学生探究和发现，学生没有质疑思考的禀赋，全社会却年复一年地空谈“诺贝尔奖”，那才让人欲哭无泪呢!

7. 从雄辩到调侃……

大中学生热衷于“辩论赛”，多历年所。比嘴得胜，货于商家，年薪能有 10 多万元。我对传媒鼓吹的雄辩，一直持消极态度。我不认为“辩论赛”体现了语文教学应当努力的方向，特别是按那种竞赛规则，无所谓是非曲直，泾渭黑白，死活由一张嘴巧辩。一个人既能振振有词地阐述真理（所谓“正方”），也能毫无羞愧之色地转换角色，把先前所抨击的观点说成是真理，颠来倒去，都稳操胜券，不容易！可是我们的社会，并不需要翻手为云覆手为雨的讼师，也不仅仅需要巧舌如簧的推销员，学这种滑头技能做什么？做官牧民？我们习惯地把《战国策》之类说成是宝贵遗产，公正地说，那是中国人的“嘴功实录”，策士从私利出发，行无准则，言无真理。读《战国策》，就不难理解何以有后来的“假大空”流行，何以出现“有用即真理”的混浊。聪慧与愚蠢，雄辩与诡辩，睿智与狡猾，高尚与奸邪，是邪？非邪？即使在一个进步的社会里，旧时代的糟粕还会顽强地存在，竭力发出最后的气味。时间走得真慢，我们似乎还没能从历史的影子中走出来；在两千多年来的社会进步面前，仍然回响着昔日的口辩英华，回荡着代代不息的唇齿污浊。人毕竟还要说话，永远有人要练嘴干禄，因而《战国策》之类仍是不朽的论辩术和官场指南。

不过，我仍支持中小学开设口语交际课，哪怕上辩论课也好。如今许多人已经不大会说话了。——我不避嫌疑，把话说得具体一些，也就是说，有的人说话像印刷品，没有人情味儿。——如果还不明白，也许该说得白一些——有的人说话像做宣传动员报告，不像是经过思维的，也不讲究说话的艺术，话语中有的是权力强势，毫无情感。——如果还是听不明白，只好直说了：有的人说出的话已经不像人说的话了。

看高考作文是件痛苦事。江苏省每年几十万考生，我做一个保守的估计，有 60% 以上的考生习惯用官腔套话。特别是 1997 年的全国题作文（“挺身而出”与“悄悄走开”），我当时就说过，看了高考作文的概况，便想到我们的语文教学可能是培养官僚的。请看，这些十七八岁的青年，他们讲话多像掌管一方的权势人物！他们没有了学生腔，他们不会诚恳地与人交谈，他们缺少想象，不擅修辞，完全像是在做政治表态，像是在读报。

最近参加一次作文大赛决赛评比，有篇入选的散文，前面写得还不错，后面 300 字，那个政治时尚又出来了，依次是：欢呼成功举行欧佩克会议，欢呼加入世贸，欢呼申奥成功，欢呼足球出线……中华民族雄峙东方，亿万人民豪情满怀……——这些内容都不错，可是我不理解这位学生为什么把这些众所周知的宣传内容当作自己的作文呢？是有人教的，还是无师自通？我反对给这篇文章一等奖，理由也简单：这 300 字的内容可以毫不费力地在任何一张报纸上找到。虽然后来我的意见被“冷处理”，但是从这种评选观念中，不难找到问题形成的重要原因。如果有投票权的人已经自觉地变成鹦鹉，那无异于告诉学生：别发出你的声音！

学生在这样的语言教育环境中长大，能有什么语言智慧？又会导致什么样的后果？没有人告诉我们，似乎也没有人去研究。但是报应迟早是要来的。

我曾奇怪钱理群教授怎么会有兴趣去读“少年作家”的作品，但是与他一席谈使我夜不能寐。他问，为什么会有那么多中学生喜欢用调侃油滑的语言？甚至面对自然，面对生命，面对师长这样的主题，他们也没有庄重感；他们玩世不恭，什么都敢去调侃。在他们的眼中，没有严肃的话题，没有崇高与庄严，有的只是生活中的笑料。然而又有什么办法？打开电视机，就像回到清朝，电视节目中说话结结巴巴的明星是他们的崇拜对象，这些年，电视最大的贡献是教会学生“戏说”。对相当比例的学生而言，“大话西游”式的搞笑是汉语言的至高境界；他们热爱周星驰，称他为“星爷”。“星爷”光临北大时，万人争睹丰采，盛况空前，让我们看到了北大的后背。（而周星驰是位诚实的艺人，他坦言自己的表演是“没办法，要混饭吃呀”。）

是紧张的学习使他们想寻找发泄的渠道？是想到要背叛传统？抑或是对教学体制的反动？他们从美国“大片”中找到大规模毁灭社会物质文明的快感，他们用调侃的语言戏弄严肃，是否以此对严肃的压制进行报复呢？其实，没有谁欺凌他们，没有谁侮辱他们，这是自然长成的下一代，社会的得意风气熏陶着一代人的语言。有谁对成人世界的语言表示过不安？我们不是经常几个小时地听那些枯燥无味、纯粹是在谋害别人生命权的报告（不听就得算缺勤，要扣奖金）吗？我们什么时候可以像毛泽东那样无所顾忌地批评报刊语言“面目可憎，像个瘪三”？

教师不是“流行”的对手——经过20年的交手，我不能不承认这种现实。几年前，我对学生说，请你们在作文中不要用“老爸”、“老妈”这样的词汇，我无法接受；后来知道是我没法“与时俱进”、“拎不清”。他们不需要诗，也未必需要幽默，他们不注意得体，也不看重真情，他们一方面可以“老爸老妈”，一方面也可以光彩照人地一挥手“请问对方辩友……”

8. 只要肯读书

在和同行们谈到如何提高学生文化素质时，大家有一个根本性的共识，即，“只要学生肯读书，什么都好办”。

可是看看学生的学习负担和考试升学的形势，就知道有些事说起来容易，做起来很难。

天下事道理多有相通。换个话题，说到教师的教学观念及业务素养，可能也该说一句，“只要肯读书，什么都好办”。为什么教师的地位仍旧没能高起来，为什么教师群体的综合素质提高缓慢，除了社会原因以外，教师本身进德修业意识比较淡薄也是一个方面。这集中反映在主动学习的意识不够。

某次在“骨干教师培训班”讲课，看到坐在前排的两位中年教师一直在说话，旁若无人，且时进时出，引得一些教师侧目。教师竟然如此缺乏基本修养，我很费解，只好当场提请她们不要妨碍别人。主办单位很尴尬，解释说，她们是郊区学校的，不来听课，“进修卡”上就不能盖章，多少年混下来了，就是这样不肯学习，一到评比就连哭带闹，纠缠不清。还有一次到江西某市“支教”，一上午的报告，千人会堂中手机声此伏彼起，响成一片，前后左右，教师都全无顾忌地高声通话，就像在大街上一样。后来看见他们喝酒，都很“刚猛”，可是交流时说到教学，才让人想起这是“贫困”地区。

参加职评，问一些中年教师为什么工作了二三十年连一篇文章也没写过，这些同行说出了各种各样的理由。可是我发现有些理由不能成立。比如他说写了没地方发表，固然是事实，可是请他写个两三百字的体会或说明，竟然如坐针毡，硬是“磨”不出来；即使写出来，也难以卒读。请他谈谈语文界近期状况，不是言不及义，便是一无所知。有所学校了解教师个人藏书情况，发现绝大部分教师从不买书，偶尔买上几本，都要打听能不能让公家报销。

凡此种种，让人感慨不已。很多时候，我都不忍指责同行，我知道每个人都有具体的难处，况且也不是每位同行都有城市重点中学优越的工作环境，然而不可否认的是，一些名师正是在艰苦的工作环境中成长起来的，只要肯读书，什么都好办！

现在有自主学习意识的教师并不多，多的是为文凭而奋斗者。一有进修名额，就会有人问“有没有文凭？”“承认不承认学历？”“收不收钱？”“有没有什么‘说法’？”听教学管理部门说，现在组织进修并不顺利，一些教师，没有文凭不去，不给报销不去，不算工作量不去……所以不得不搞些硬性规定，如申报职称必须要有足够的“继续教育课时”，教师上进修课时要点名，防止“溜号”等等。新近又有消息，说是要评“星级学校”，如“五星级学校”的一个标准就是必须要有二分之一以上的教师有硕士学历，于是有些高校兴奋不已，因为又找到了“经济增长点”；有的中学担忧，马上又要开始新一轮的折腾；有的教师刚想坐下来开始做点有价值的事，马上又得去混文凭……

教师读书进修本是为提高自我，那么是什么原因，使教师丧失了自主学习的动力？这个问题可能很复杂，体制方面的、机制方面的原因都有。比如，无休止的各种评比太多，学校被开发成了名利场，各种表彰序列，加在一起大概有十五六种，每一种都包含着一些实际利益，这类诱惑，往往并不需要真才实学；此外又有权力的诱惑，一个教师，如果他发现真才实学不敌一点小小的权力，因而向往权力的话，他有什么必要青灯黄卷，孜孜不倦？

我自知这些话说了也没什么用。但是我真怕如此下去会断了中国教书人的香火，也担心新一轮“读书无用论”萌芽。不管以后课堂模式如何，老师还是要在课堂上与孩子们说话的；无论如何，别让孩子们看不起你。我期望年轻一代的语文教师能注意知识积累，向新高度登攀；倘若条件有限，那也要有点自我提高意识，哪怕读点闲书也是好的，哪怕知道一些掌故也是好的，即使自己读书不多，听听别人说读书也行——只要肯读书，什么都好办。

9. 通过封锁线

某月某日，有教授和我谈作文教学。教授对我说的“自由状态下的写作”感兴趣，问：“到高三，你怎么教作文？”——这个问题只有内行才问得出来。我就说了具体措施，无非是正路子与野路子并用，列举十来条俗招，比如最好如何开头，如何结尾，中心段落放在什么位置为宜，怎样写好一段漂亮话，哪些修辞方法容易引起注意，引用什么人的话比较有分量……教授皱着眉头边听边摇头，像是看到了假恶丑。他摇头摇得我很不高兴，于是对他说：“我们换一换位置，你来教高三，我来教大学，皱眉头摇头谁不会？你来尝尝滋味儿，保证你也会觉得冤屈。”

——是啊，皱眉头摇头谁不会？可是如果我的学生半夜里要通过敌人的封锁线，我能教他大声咳嗽吗？我能教他边走边唱吗？高考的规矩那么多，是很难大摇大摆地通过的。批评高考作文，谁都能说几句闲话，可是只要他到阅卷现场看一看，就会受到教育，就像上了一回前线的演员，一下子想开了。

我平时倡导学生“自由地写”，可是到了高三，我不能不教他们一些应试技巧，不得不教他们一些俗招，以帮助他们通过“封锁线”。我看不起高考，但是我的学生要上大学，我的任务之一是帮助他们获得进大学的门票（这个说法很俗气，但是如果要把这个问题说得郑重其事，也未免太没见识了）。能通过“封锁线”，到了“解放区”，就是成功。既然我没法阻止你造铁丝网、建碉堡、挖壕沟，那你凭什么要求我拿着“良民证”通过？

我何尝爱写作的“规矩”？用那样的规矩是教不出好学生的，可是那样能帮学生混过高考关！文无定法，考试作文却要“有法可依”。把千百万人全束缚在陈规陋习之中，难道是我们的“写作教学”？每年看到高考作文，都很难过。——那些作文，真的代表了全国五六百万考生的最高水平？代表了五六万高三语文教师的智慧？代表了语文教改的成就？可怜传媒没有见识，每年都不遗余力，吹捧高考“佳作”，全社会推波助澜，简直像个没有文化的国家。一篇《赤兔之死》被吹得死去活来，妇孺皆知，教授力捧，老板赏钱，海外华文报纸称“这是大陆恢复高考以来唯一的一篇满分作文”，结果美国有报纸立刻以讹传讹。——一篇高考作文搞出这么大的动静，这是教育的进步呢，还是教育的衰败？

社会一方面抨击高考作文，另一方面，不断地有作家名人出来参加“高考作文秀”，有的是闹着玩儿，有的却十分在意。2002 年我按游戏规则给某作家花了 10 小时写出的作文打了个 30 分，他到处喊冤，把他的作文登在报上，发在网上，要讨公道，试图引起社会的注意。可是值得注意的是，后来又给打他不及格的包括当地几位优秀考生。——这就是说，高三学生都知道考试作文的“规矩”，而社会未必了解。一位作家过不了高考作文关，在教师看来，一点也不奇怪。高考语文全卷是 150 分，他才选做了试卷中最能对付一下的作文（因为不可能得零分），如果他敢做做其他 90 分的选择题和主观试题，我估计他就不敢吱声了。有谁不怕封锁线？演员——他是来做戏的，知道不会真的挨枪子儿，又想引起观众的注意，所以他大声咳嗽打喷嚏，弄出动静，姿态夸张。但是对考生而言，高考不能做戏。

因为选拔方式是考试，学生不得不受这样的训练。只要经过一年有效的训练，他们就知道要审题，知道要看清要求，就知道要估计字数，知道字要写端正，知道自己并没有多少自由，知道不要写犯忌的话，知道段落不能碎杂……他们并不指望写出传世文章，他们要的是“分”，只要过了这一关，新的天地就出现了，他们何必要拿自己的前途去冒险呢？作为教师，何尝希望自己的学生平庸？不得已也！这些，是批评界能想到的吗？

语文教学的任务是什么？我认为，高中语文教学完成两个任务就很好：一是在培养语文素养的同时给他一粒人文精神的种子，一是设法帮他搞到一张进大学的门票。——批评家或许会站在一边说，你们干吗不去炸碉堡、堵枪眼呀，这么消极？我只好回问批评家一句："你告诉我，鬼子在哪里？"

10. 谈“作家高考秀”兼说“下水”

可能没有哪个国家像中国这样，举国关心当年的高考作文题，媒体每年都邀作家、名流参加“高考秀”，几乎成了风气。不知读者是否注意到：高考秀者，都只写作文，而不碰语文基础知识题和阅读题，更不去碰“数理化生外政史地”，这是很有意思的。其实作家做高考作文和考生临场写作，没有可比性，更不用说作家以写作为业，而考生要学10多门课了。比如有知名作家用10多个小时才写完一篇“高考作文”，而这个时间，学生却要用来考完全部5门课。

今年（2003年）高考作文秀的参加者比去年多，参加者心态也比较平和。人们弄清几个因素之后，一般就不会说三道四了。一是“时空”不一样，作家没有身临其境；二是心态不一样，作家没有落榜之虞；三是负担不一样，作家毕竟只写一篇作文……总而言之，高考是高考，游戏是游戏，不要用游戏的玩法去评论高考；同样，如果给作家的“高考秀”作文打了低分，也并不意味着该作家从此不能吃写作饭。

不久前有作者在报上批评我去年给某作家的“秀作文”打了不及格，文章认为“作家写高考作文不可能不及格”（估计那位作者不太了解高考作文的评分要求，他把全国卷的60分的作文题说成是70分了），说高考作文阅卷不应当只看审题云云——这些外行话都是由于对高考作文及阅卷形式缺乏了解造成的。请想，如果高考作文完全忽略审题立意能力，听凭大家爱怎么写就怎么写，爱怎么评分就怎么评分，如何衡量出高低？考试岂不成了自由笔会了？一个省动辄几十万人参加高考（今年人数最多的省突破了60万），阅卷不能没有标准。高考作文本无神秘可言，但是每个参加高考的人必须要遵守规则。譬如打篮球、踢足球，总还得有个边线，不得出界。如果考生无视题目必要的限定，硬是要自立题目，做成另外一篇文章，你偏要说他的“表达好”，要给他满分，这对更多的考生来说，就是一种不公平。作文考试不同于文学创作，两回事。教师虽不至于为作家写不好高考作文而得意，但是如果语文教师认为“作家写高考作文不可能走题”，我就不知道该说什么是好了。我参加过几次高考“作文秀”的评分，有的作家心态真好，上来就说“不会写”、“写不好”，因为他明白，这是一种“不自由状态下的写作”。考试就是考试，高考不是一个好的制度，但是它是目前社会条件下唯一比较公平的制度。既然如此，大家都得遵守规则。

所以我觉得，应当把“高考秀”当作一种体验，甚或是一种娱乐，不必太认真。相对于“参与”的意义而言，我倒觉得，语文教师倒是更应重视写作的体验，把写作作为一种职业素养。由于种种原因，一些教师长年不动笔，已经到了不会写文章的地步了。每年的职评或是论文评比，看到有的教师交来的文章，实在不忍心批评，也不敢为外人道。更有甚者，有的语文教师（甚至是教龄很长的）也做起了文抄公，剪刀糨糊早已过时，整篇从网上下载更为快捷，有的甚至不用改头换面，直接把别人的文章署上自己的名字……有鉴于此，我认为语文教师自己先得过写作关。

高考作文评卷的形式的确需要改进，要尽可能地缩小误差，这就需要大批有作文教学经验的教师参加阅卷工作。教师能不能充分地理解题意，能不能吃透评分标准，能不能了解学生的写作状态，直接关系到作文阅卷的质量。今年，江苏省高考语文阅卷点作文总复查组向全体阅卷教师建议：请老师们在集训期间，每个人都写一写对考题的理解；同时建议老师们能就今年的考题写一篇“下水”作文。提出这样的建议，主要是对每一个考生负责，体现高考阅卷的公平性和权威性。

阅卷教师“下水”，有利于对考题做深入研究，掌握评分标准。因为只有自己动手写文章，才会认真审题。教师考虑问题比考生复杂，反应能力不如学生，但是在审题立意和逻辑思维能力方面，教师水平高于学生，综合能力强于学生。对一道作文题，学生的考虑往往是凭直感，教师则会思考哪几种立意是“切题”的,哪几种立意是“基本符合题意”的，知道什么情况属于偏题走题，他明白其中的区分度，一旦亲手操作，他的考虑就更具体、更明晰。这时候对照评分标准，他的感性认识增强了，对试卷就能比较准确地做出判断。

阅卷教师“下水”，体会学生的写作状态，能更多地了解情况，有利于改进作文教学。有时候，教师会对一些试卷感到奇怪：为什么他会把文章写成这样？他到底要表达什么样的意思？为什么会举这种不恰当的例子？……如果我们能经常地试着“下水”，站在被评价者的立场上，就有可能了解学生的写作状态，在判别作文等次时，就会比较公正客观，也就不至于向学生提出不切实际的要求了。

写作是一种生命活动，也是一种自我丰富与发展的过程，是对人的思维和语言的综合训练，语文教师要保持业务优势，要特别注意提高写作水平。旧时代对学生语文能力的一般要求是“出口成章，下笔能文”，如果今天连教师都做不到这一点，祖国语文教育将很难有发展。

我主张大家以平常心去看待作家的“高考秀”，这或许也是作家们的希望。我建议语文教师重视“下水”作文，以增加写作教学的感性认识。如果我们不积极地想办法，一味地怨天尤人的话，中学作文教学仍将长期停滞在低效阶段。

11. 纯净我们的教学语言

一位合格的教师，他的词典里是不会有“差生”二字的。最近有文章谈“差生”问题，说到上海的于漪老师50万字的教育文集中没有“差生”二字。其实岂止如此！认识于老师的人都知道，像她那样的人，休说著书立说，平素里与人言，除非转述别人的话，否则口中也绝对不会说出“差生”二字的。此事不是小事，值得一说。

有无“差生”这种说法，事涉教育观念，事涉师德修养。以我的体会，人非生而知之，来求学，是学生，学得是否顺利，学得是否适时，总有长短先后，以“差生”称呼未能名列前茅者，是把教育等同于发财，喊出“富人”、“穷人”，实在庸俗不堪。最可怪的，是传媒始终保有“差生”一说，非但如此，教育行政部门也经常地把“差生”二字挂在嘴上，写在文件里，发在通知上。而一些教师（有的甚至很有名气）在介绍自己的教学情况时，竟然也常常提到自己是如何“转化差生”的，有的教师甚至在班会上公布全班“差生”名单。传媒更热衷于把“转化差生”作为模范教师的典型事迹。更严重的问题是“习惯成自然”。一些青年教师也是“差生”不离口，“名次”不离口，使我疑心他所受教育的水平，也疑心他从求学时代起，身心就不够健康。

关于这点，可以既往不咎，但往后的报纸杂志，这两个字还会堂而皇之地出现。我认为，一位教师，或是教育部门的工作人员，只要他的口中常常有“差生”这样的词，就说明他的师德修养还很欠缺，说明他暂时没有资格从事教育工作。如果这些同行能把自己的角色换一下，他应当知道，说这样的话非但是对学生的人格侮辱，作为教师，也是没有丝毫人格自尊和职业自尊的。教师有怎样的教学语言，取决于他的学识修养，取决于他的人格意识，也取决于他独立思考的精神。

有句老话叫“教师是人类灵魂的工程师”，按那种逻辑，教师自身的灵魂应当很高尚，才有可能对别人的灵魂“设计并施工”。——我们姑且承认有那种可能，那么，一个成天把“差生”二字挂在嘴上的教师，他将会以怎样的姿态去“修理”、“改造”别人的灵魂呢？他自己的“灵魂”又该由谁去修理、改造（抑或是“拯救”）呢？

纯净教育教学的语言，应当是教师的修养任务。与“差生”类似的语言，教育界还流行着不少，如果不从思想上辨析这类问题，所谓“转变教学观念”就是一句空话。

12. 口才

一位合格的教师，要有睿智，要有好口才。

教师应当有很强的表达能力。教师的每一句话，都得考虑受教育者的接受能力，尤其要考虑到学生的自尊。我并不认为教师一定要口若悬河，只是认为教师需要有职业语言的意识。

有位教师，年资不浅，可是每次接任班主任，不消一星期，他的学生都会大喊“命苦”。在他的课上，风雅是绝对谈不上的；你很难听到几句完整的表述，他的语言既不纯洁也不连贯；他有把话说好的愿望，然而只要他一开口，准会伤人，种下祸根。有个学生考进这所名校不久，非常高兴地把父母和刚从海外回来的亲友请到学校参观，岂知一进校门就遇见了这位班主任。父母出于礼貌，问班主任：“我们的女儿在校表现怎么样？”班主任当着学生的面对家长说：“你们的女儿嘛，用功是很用功啦，就是脑子笨一点，不过这也是没办法的……”——该生回家痛哭不止，要求转学；父母也觉得名校教师说话如此粗鄙，很为失望，亲友们也很难堪。以这样的话语水平，是注定不能当教师的。你不了解这个学生，你可以不说或少说；即使这位学生学习有困难，你也该考虑一下自己的说话方式。有教师自恃老资格，以为说话过头一些不要紧，学生集合时迟到了几分钟，他训斥学生，泼口骂道：“你们这些狼心狗肺的东西！……”学生目瞪口呆，说：“我们不敢相信一个受过高等教育的人会使用这类骂街语言！”毕业多年，这句话却让他们终身不忘。

教师的谈吐，体现着他受教育的水平，体现着他的教养，体现着他的人格魅力。可是有些同行过于漠视这个问题，他们低估了语言的影响，把教师等同于贩夫走卒；他们也低估了学生的辨析、评价能力，以为自己是在与一群没有思想的人打交道。

这只是教师在教育工作中忽略表达的失误，更多的失误出在课堂。多年前有人建议我听一位教师的课，说他的课堂语言“简洁”、“清纯”、“一句废话也没有”。我听了两节课后发现，他上课的语言并非“简洁”和“清纯”，也不是“一句废话也没有”，而是他不善于表达，可以预先准备的内容他说得很流畅，而随机出现的问题，他至多有三言两语的解说，无法接过话题阐释和借题发挥，因此他的课既无新意，也无深度，过后即忘。学生回忆起他的教学，没有什么印象，至多说“他不大爱讲话”、“他的话不多”。我想这也许是他知道藏拙。

教师不善于表达或不愿表达，那他不仅很难和学生对话沟通，可能也无法展现所教学科的内在魅力，这样就有可能影响到学生未来的专业选择，因为学生最早的职业理想很可能来自学科基础学习。我问过不少从事文学创作或研究的人，他们之所以有这样的选择，和他们中学时的语文教师妙语连珠、能言善辩很有关系。

学生喜欢有激情的教师。有些拙于表达的教师把最富有活力的学科搞得索然无味，把精美的教学内容弄得黯淡无光，把最有诗意的生活糟蹋得鄙俗不堪——我不知道这样的教师有什么存在价值，当然，我由此也知道为什么一些学生会“厌学”。我们应当纠正一种错误认识，即，教师拙于表达非业务能力问题，而是性格问题。——问题恰恰就在于此。简单而言，教师的工作就是要通过自己的言说，去传道、授业、解惑，就是得靠他的激情去感染学生。如果他不能说，不会说或是不肯说，那他作为教师的价值就不存在了。教师不善于表达，其原因可能就在于其学习的能力差。比如有些语文教师，除了翻翻教材教参之外终年不读其他书，因此他也不在意学生在他的课上打瞌睡。他们能把语文这种最有灵性的科目上得让学生讨厌，也真难为他们啦！

13. 呼唤风格

一、风格——语文教学的灵魂

风格即人。

有教学个性的教师，他们的课往往体现着一种独立思考的意识，展现着自己的学养；而一个不善于思考问题的教师，只能做“传声筒”。——人文教育的本质是精神之学，教育者首先必须是善于思考的人。教师只有成为思想者，才具备教育者的素质，教师具有怀疑与批判精神，才能胜任语文教育。没有思考精神的教师，不可能建立真正意义上的风格。现今的评价机制在客观上没能倡导教师建立自己的教学风格，而至今还有人认为教师不需要教学个性，这些，是对教育的亵渎，也是缺乏人道精神的。教师的课没有特色，没有吸引学生的魅力，也就如作家没有风格一样。所不同的是你可以不读这位作家的大作，但是学生不能不在课堂接受文化教育，而且他还没有选择教师的权利！

这些年听课、评课，也看了一些评课的文章，颇有感受，虽然思虑不周，然而还是想一吐为快。问题是：语文教师要不要建立自己的教学风格？

大家都在关注新的课程标准，课标是课程的标准，并不是具体教学法的标准；新课标出来了，新教材出现了，教学法难道可以一成不变？我们越来越强调培养学生的学习个性，然而对待教师，似乎很少有人重视这一问题。

我回忆上大学时候的见闻。那时候“文革”结束，高校教学开始走上正轨，教师上课，都拿出浑身解数。无论课程异同，教学都有自己的风格。如中国古代文学史，先后有 8 位老师上，每人上一部分。让我大开眼界：有的连上 4 节课，气如雄辩，唾沫横飞；有的长于旁征博引，竖行板书，一个问题连引十多种说法；有的说词曲忽然发了瘾，当堂吟唱，余音绕梁；有的上着课进了自己的境界，念念有词，旁若无人；有的捧着书本从容地念上一节课，末了忽然提出意想不到的问题；有的上课只逼学生提问题，如答记者问；有的信马由缰，黑板上一个字也不写，吹到下课才如梦方醒……

按现今中学评课的标准，这些教授、讲师的课都只能算“差课”，只能得 C 或 D。可是 20 多年过去了，当年老师们上课的风采依然清晰地保存在我的脑海中。我从来没有觉得谁的课不好，在我看来，正是那风格迥异的课，才让我懂得必须运用多种手段汲取丰富的知识，让我懂得要养成独立思考的习惯，也让我懂得一个学习者要有包容性，兼收并蓄，而我在后来的教学中逐渐明白：一个见识了不同教学风格的学生，可能更善于学习。

胡适与鲁迅是同时代人，他们的性格与思维方式有很大差异，教育风格也不同。胡适热情，好为人师，循循善诱，他总是教育青年该做什么不该做什么；鲁迅冷峻，善于引导青年去发现问题，让青年自己寻找出路。而毫无疑问，他们不同的风格都影响了一大批后来有成就的学生。

教师的课堂教学应当体现个人风格，一如写文章，或质朴无华，或清丽温婉，或大气磅礴，或机敏厚重……总能让读者有个印象。中学教师应当有建立自己的课堂风格的追求，否则你的学生在未来的年代中很可能是平庸的人。参加江苏省九年义务教育语文教科书编写，主编洪宗礼先生要求对单元课文综合出题，我出过这样一道题：

本单元 5 篇文章都堪称经典作品。作者所处的背景不同，认识问题的角度不同，因而对同一问题往往有不同的体验，更值得注意的是他们不同的表现风格。季羡林是学者，他的文章集毕生治学的体会，自有过来人的一番甘苦，诚恳而平实；罗曼·罗兰是作家，他的文章激情澎湃，像喷发的诗；罗家伦是教育家、学者，他分析问题严谨，同时又富有趣味；培根应当算是言论家，他惜墨如金，语句像格言；圣贤孟子真理在握，雄辩而从容……请考虑一下：从现有的写作积累看，在表达情感方面，你日后可能与哪位大师的风格比较接近？

我原先担心有些离经叛道，洪先生难以接受，后来发现这种担心是多余的。的确，对让学生在学习中保持并发展自己的个性，已经形成共识。但是话说回来，我们注意培养学生的自信与自立意识，可是作为教师有没有自信与自立意识呢？有没有建立自己教学风格的愿望呢？多年来，语文教师屈从于世俗的评价，忧谗畏讥，跟在别人后面亦步亦趋，教学上也搞“无一句无来处”，言必称宗师权威，自己在学生面前都站不直，又怎么能鼓励学生建立自信、发展个性？

我认为，教师在从教一个时期后，应当从教学个性的角度将自己的工作总结一下，这样的总结，能够感知自己的实际位置，启迪自己向高层次攀登。众所周知，“师”与“匠”不属同一层面，匠的技巧再高，难有创见，师则一定要有自己的风格，善于创造。所谓技巧，卑之无甚高论，得之于教训，积累为经验；但是“思想”能使一位教师站立起来！对号入座，我不过“时而师时而匠”而已，但我认为，意识到不足，才能有追求，不想成为师的匠可能连“好匠”也成不了。

我参加交流，喜欢观察教师的教学风格。

有些教师上课，自有一种控制全局的威势，简直像布道一样，从精神上对课堂进行控制，当然，这种控制有时候是不自觉的、无意识的。有的学生往往会说，“不知不觉就跟着老师转了”，“完全被教师吸引住了”。——这是好事，但是也值得商榷：这不还是“我讲你听”吗？教师与学生的交流互动体现在哪里呢？然而，谁也不该否认，在某些时候，课堂也需要一些这样的“教学魅力”。

有些教师喜欢从容潇洒地上课，不一定在乎“可圈可点”，他在课堂上随意地说点什么，就像和学生拉家常一样，学生会觉得：这是我的老朋友，这是我的一位慈祥的父执，这是我的一位亲爱的老邻居……这种从容的风格一样能感染学生，使之如沐春风。有的教师认为，如果自己的学生能在上课的时候可以放松地坐着，甚至稍微闭眼思考一下，效果也许更好。

有些教师平时话很少，上课也不多说话，但是他们的提问都让人意想不到，这些问题只有肯动脑筋的教师才有可能想得出来。有意思的是他们的学生往往也如他们一样，喜爱思考问题而不爱多说话……

我在观察中思考。我也从不同的教学风格中吸收对我有利的东西。我不在意学生是否专心、认真听课——这话听起来不可思议，但是我听课的体验告诉我：认真听是非常累的，更何况本来就存在着“遗忘率”问题。因此，我认为让学生放松，接受情况可能会有所改善。我喜欢学生轻松，学生如果过于认真，我会紧张。我也不喜欢学生沉默，学生缺乏对话意识，对教师的教学也是一种伤害，因为他不可能从中得到提高。

风格延续着教师的教学生命，因为它有可能长久地影响学生对学科的兴趣。我常对同行说这样的话：如果你能通过课堂让学生喜欢我们的语文学科，你就是成功者。但是，照本宣科绝对不是风格！没有风格的教师一如泥胎木偶，他的语文课就如破庙里的庸僧在谈禅。

风格受观念的影响，风格也体现着教学的原则。只要有自由的精神，有进取的决心，建立和发展自己的教学风格并非是多难的事。

二、风格的丧失

老调子还没唱完

在中学课堂，很难见到多彩的风格了。初中三年或高中三年，语文课很可能一直由一位教师承担，学生不大可能接触不同风格的教师，因此也很难对教师的教学进行比较评价。而且一年年下来，由于陈旧观念的影响，由于各种评比的束缚，也由于教师的惰性，教学个性得不到张扬，于是我们经常见到这样一种现象：在一个教师群体中，大家逐渐越来越像一个人，最终统一在一种模式——落后僵化的模式——的令旗下。

令人不解的是，成千上万的中学语文教师面对收入不同风格的作家作品的教科书，却永远用一种方法去教。不久前听一位资深教师的课，教师用半节课带着学生给课文分段，归纳段落大意，不厌其详。我对至今仍有人恪守旧法感到惊讶，可是这位教师始终很自信，在他的业务档案中，有"上课中规中矩，有板有眼"之类的评价。听这节课，才知道"规矩"与"板、眼"还很有市场。

与此截然相反，观念陈旧的另一个特征却是"作秀比赛"。如我校使用的是人教版实验教材，高一年级《文言读本》主要任务是记诵，强调多读多背，这是整个实验的一个阶段，而指导诵读是需要正确的理念的。然而每次与其他学校交流，听课的教师多有不以为然的，认为"没有新东西"，"大半节课都在读书"。反观一些教师近年的"与时俱进"，就是初步学会使用多媒体，即使设计不出像样的课件，只要能在投影仪上投出几种不同的字体，玩出两三个动画，只要能设计出学生讨论、辩论的"研究性样子"，也会引得一片赞扬，似乎这就是好课的标准。请问：这是教学个性吗？这就是风格吗？

以现在的条件，要在一节课上玩点花样，或者把一篇文章讲得"规规矩矩"、"头头是道"都很容易。然而这种要求毕竟还是低层次的，体现的是旧观念，所以不足为训。

学生的学习观念也早就被扭曲。在陈旧的教学模式下生存多年，一些学生对研究性学习是有抵触的。有些学生的学习观念，甚至比教师落后。如他习惯被"喂饭"，你不为他端到面前，他就不动嘴。北大有位博士抱怨导师一学期不给他讲课，只让他看书，问他："你想听课吗？"他说："我习惯听课，教师不讲让我问，这算什么教师？"

评价习惯体现出观念的陈旧

旧时代的语文教学，没有“评课”、“赛课”这样的事，连教师的教案也属于个人资料，别人无权看的。而今“评课”、“赛课”不胜其烦，有的学校还要查教师教案（的确，有些教师连教案也不会写或不肯写），但是语文教学质量不如过去，教师缺乏教学个性，我认为这主要是评价者的强势和陈旧的评价观念造成的。

现今常把一些有教学个性的教师视为另类而不予包容，在任用教师时，也常常以清规戒律考查：教学过程须五脏俱全，作业批改要一丝不苟……特别表现在评课问题上，信口开河，优良中差，一节课就下定论，根本不管学生是否能接受，也不给教师任何申辩的机会，而其依据的往往不过是评委的私见与习惯。

最近看一篇长文，作者对两位语文特级教师的示范课质疑，提出了不同看法，有其一定道理。作者听课听得认真，有自己的见解，并不人云亦云，这比盲目崇拜、跟风乱学或是见名人就骂要理智得多。可是我也有疑问。他作为名师，被请到你那一方地上一节课，你为什么不把他的讲课当作“换个口味”去欣赏？为什么没想到这是一种风格的展示？你为什么要有那样高的期望？你为什么就不允许他的课有点不足？你是不是要求他在任何地方上课都得至善至美？你在听他上课时，为什么要用你的标准去评价？他为什么不能有点自己的发挥？他为什么不能有与通行说法不一的声音？……现在，你把他当作来卖灵丹妙药的，那就是你的错！——你在否定他的教学设计的同时，也丧失了自我。自然，换个角度看，如果这两位教师以为自己天下第一，是在“传经送宝”，每到一处宣传并要求别人接受他们的教学法，拉场子卖票，动不动搞两三千人听课，装神弄鬼，却长年让自己的学生在家自学自读，那也是欺世盗名的。

一节公开课，听者少则五六十，多则成百上千（现在还有在体育馆上示范课的，像“带功报告”），每一个听课者都有自己的理解，谁的意见正确？有些青年教师，刚进中学门时，还有点自己的主张，还敢在课上说说自己的见解，三五年下来，“老实”多了，这究竟是可喜的进步呢，还是教学的悲剧？语文教学之所以在1997年会遭受那样严厉的指责，除了新闻炒作造成的社会误解，除了教材的落后之外，与本当最有灵性的学科教学缺乏个性是有直接关系的。我们缺少一个宽容的环境，自然就缺少风格。一些教师之所以能保持教学个性，建立自己的风格，也与他们所处的宽松环境有关，同行的包容、学生的支持、行政部门的理解，等等，使锥处囊中。我认为，只要能让学生喜欢你的语文课，只要能让学生树立终身学习语文的意识，你用什么方法，是你自己的事。——我想也只有这样营造小环境，才有可能保一方清静。

没有风格就不会有地位

10多年前，我曾对一些高等师范的毕业生不愿到中学任教的情况做过调查，有几位成绩优秀的毕业生说：“中学语文教师的工作是一种重复劳动，缺乏创造性，所起的基本上是传播作用。”这个回答一直让我不理解，但是也感到无奈。我一直以此为警惕。——如果一位教师没有精神追求，即使他奉献一生，烛灭丝尽，其作用也有限。

一位优秀的语文教师，首先应当是一位有高度自立意识的思想者，也应当是一位创新者。

现在，我们还常常听到关于教师地位的哀叹，语文教师也会叹息学科地位不高。如果我们不带偏见、不带情绪地分析形势，不难发现，问题还在于教师自身。首先是思想的束缚，有不少教师是“跪着教语文”的，他们没有独立思考的意识，总把自己当作是语文教学诸种环节中的“一颗螺丝钉”（当然还有一些人不得不把自己看作是给校长当差的，这是另一个问题），我也见到一些很勤奋的青年教师，热衷于参加各种“赛课”，热衷于评奖，对各种称号过于感兴趣，由于这样的“参与”多多少少有功利的成分，依附性强，也就很难体现独立思考的精神，也就不大可能有个性的健康发展，也就很难指望他能高翔远行。

其次是缺乏学习精神。时下许多教师终年不读一本书。在一些基层学校发现，教师说不出中学语文核心期刊的名称，说不出著名出版社的社名，除了习题集练习册，有的教师多年不买一本书。(江苏某市职评，对申报高级职称的教师进行考核，试题中就有一项“请说出三种语文核心期刊的名称”，结果有一半教师一种也答不出来。）和这些教师交流非常困难，他只想从你这儿得到有关指导考试的秘诀，除此以外，对你的教学思想和教学法没有任何兴趣。面对这样的群体讲教学个性和风格，实在是有点“不识相”了。现实是严酷的，对这相当一部分教师而言，讲建立风格，可能还是很遥远的事。

对教师的教学，校方在教师有关职评及表彰的材料上写尽好话，但是就是说不出他的教学风格。说实在话，他的课往往也谈不上风格，因为他只会照本宣科，甚至没有教参无法上课，视教参为圣经。有学生评教师的课，说“听了三年，一点印象也没有”，也就是说，那是位没有教学个性的教师，他的存在价值是有限的。教师风格不存，个性不存，意味着教学生命的死亡。随着新的课程标准的执行，也随着教育科研的发展，未来的5年到10年，语文教学可能会有革命性的变化，可以这样说，一个抱残守缺，没有自己风格的教师，在未来年代将没有地位。

当然，客观条件是可以改变的，如果语文教学评价的观念能更新，肯定并倡导个性化的教学，必然会对教师的教学方式的改进和发展产生深远影响。

14. 诫徒

一位合格的教师，就是一盏灯，他的光不一定耀眼，但一定能够长久地照耀着人一生的道路。要时刻想到，你的工作是无可替代的。你在追求一种幸福，不要简单地把你的工作理解为谋生的手段。如果你想发财，不必误入教师队伍；你也不必眼红人家发财，只要生活还有保障，就足够了。

当了教师，不必因为那些有一官半职的人在你的面前颐指气使而生气，进而也想方设法谋个小官做做。据说不想当元帅的士兵不是好兵，但是想做官的教师肯定不是好教师，业务上肯定不会有什么大出息。

不要指望工作“顺利”，别忘了我们的工作是与形形色色的粗野作斗争。如果你的工作不顺利，想哭的话，那就当着你的学生面哭好了，不要怕让学生看到我们的失败和软弱，让学生看到教师的眼泪并没有坏处，教师是人不是神。应当让学生知道我们恨什么，爱什么。不要听信“一碗水端得平”，学生的教养不一样，品行不在一个层次上，怎么可能“平”？记住，这个社会很复杂，过去是家长复杂，可现在的孩子也不简单。但是你不能随意评论学生，你的评论对他们来说很重要，如果失当，有可能会给他们造成痛苦。

你们年轻，这个世界上还有许多事你们未必明白。你说家长对你言听计从，我怕你听了头晕。须知那不是对你个人的尊重，而是对我们职业的尊重，他们是在向我们的“肩章”敬礼。如果你的修养高，有人格魅力，那更要想到，你面对的是做父母的人，你要懂得父亲母亲们的心。

现在对青年教师的闲话很多。有些家长自恃有学历或官职，自以为是，和教师的冲突比较多，这只能有待于慢慢磨合，而不必急于说服家长和自己保持一致。当你与家长谈“僵”了时，不应指望办公室的其他教师都附和你的看法，因为你在冲动时说话可能欠妥当，如果有同事用眼神向你示意，那有可能是要你注意缓和态度。——我们可以适当妥协，因为我们的目的是为了教育孩子，而不是为争论是非曲直，争输赢。

不要在电话里训家长，不要为了一点小事让他们分心，尤其不要在他们上班的时候把他们叫到学校来，你可能会让他们为难。更何况这年头有个工作不容易，不要让他们因为接受你的训斥而丢饭碗。

不要轻易接受家长的馈赠。我们不该怀疑这种馈赠出自家长的善意，但是这会增加你的心理压力。最好和家长保持一定的距离，这样对双方、对学生都有好处。

我痴长你们一些，说错了别见怪。

15. 融洽与守法

过去在学校，教师和家长之间的关系很简单，现在则是千丝万缕，纠缠不清。有教师违法，事发后面临处分，他找了个在省里做官的家长，该家长给教育局长打电话，问能不能批评教育一下就算了，不要把事情弄僵。这个教师果然仅仅被“批评教育”，没有开除也没降级。事情传出后，个别人说，还是要和家长搞好关系，关键时刻有人帮助。而更多的教师认为，出了这种丑闻，还能请出家长来“摆平”，这种关系是否符合教师的操守且不论，应当追究的是：教师和家长的行为合法吗？而这样的事也说明，目前社会的“污浊度”已经很高，官僚家长能和腐败教师联手违纪违法（一如从“嫖娼”到“共同嫖娼”也是“飞跃”），而他们的感情基础竟是教育子女，岂非咄咄怪事？

有所中学出了一起经济罪案，学校不知出于什么目的，一定要保下这个人，找了“方方面面”，最后大事化小，小事化了，当事人仅仅被判了个缓刑；后来招生时，“方方面面”的子女分数不够，纷纷要求学校照顾，学校一一应诺，不敢有误。——这种事可能太多了，当校长的也许觉得不算什么，一些教师也会觉得平常，可是如果从教育的角度看，这件事的违法程度恐怕也是相当严重的。

时下全社会重视教育，学校与家长的交往，教师与家长的交往，都面临着一个问题：如果教师和家长都拿手中的权力做交换，那他们眼中的“教育”是一种什么东西呢？

有同事在加拿大进修，住在一位工程师家里。有天晚上，工程师看到上小学的儿子从学校带回一张软盘做作业，他看了一下，让儿子不要再做了。次日，他到学校找到儿子的教师，对他说，你拷贝给学生的软件是我任职的公司生产的，你这样做是侵权行为，希望你能做出解释。教师首先道歉，说不该把自己买的软件拷贝给学生做作业，然后解释说，她没有收取任何费用，仅仅是时间来不及，让孩子们用一下她个人购买的软件。——值得一说的是小城并不大，工程师与教师平时关系友好，可是人与人的关系一旦建立在守法的基础上，就会这样一丝不苟。——同行们听了上面的故事，一定会想，这事儿如果在我们这儿会怎样？是啊，凡是在学校工作过几年时间的同行，可能都知道，有的家长特别希望教师能有需要帮忙的地方，而有的教师成天忙着在家长中找关系。某校一群教师保龄球打得都不错，因为球馆老板的儿子在他们那里读书；某校教师每人发了一件羊绒衣，因为招生时，那家企业的老总孩子少考了 20 分，进来了。这一切在我们的国家越来越显得正常，而很多人没想到，如果在文明国家，这是非常耻辱的。在一个文明的国度，如果家长为了孩子，送礼物给教师，会被视为含有侮辱的无礼之举；家长为了孩子的学习请教师吃饭，则是对教师的鄙视。我在校多年，很清楚学校和一些家长的交易，也看过不少家长表演自己的“神通”，我也知道，如果我们真的生活在一个法治时代，这些教师和家长都得去坐牢。——不良的社会风气正在悄悄地毁掉一代教师，拉大了我们与文明国家在教育上的差距。

16. 理智地保持距离

你说遇到了难题：家长请你赴宴，并让校长代邀，你不想去，可是看到校长很爽快地答应，你就不知道如何是好了。那个家长是市委书记，孩子在省城读书，“因为工作忙，顾不上孩子”，想请教师关照孩子，于是宴请全体任课教师并送礼。你说不愿意去，去了也没什么话说，你认为如果吃了这顿饭，以后的工作有可能要出问题，你的脑袋不糊涂。

这种事我也遇到过。我的做法干脆，一句话回绝：没这个习惯，不破例。家长请饭，毫无必要，这是极庸俗的风气。休说孩子还在校读书，即使他考上大学了，也没有必要宴请教师。请一顿饭固然不是什么不得了的事，但这种感恩形式是很落后的，即便把它作为一种礼节，也只是旧时农民对手工业工匠的款待方式。那位家长作为一地的主要官员，在繁忙的公务中竟然保有这种陋俗，真让人不知说什么是好。

教师不宜与家长过多接触，关系过于密切对教学工作没好处。我们的工作对象是学生，只要能在教学上、品格教育上与学生沟通就行了，除此以外，不宜和家长往来。时下社会风气不好，有些家庭唯恐与教师疏远会影响孩子的发展，总是想方设法与教师（特别是班主任）搞好关系。除了逢年过节送礼，教师需要什么，有求必应，不惜代价，这是极坏的风气。首先对孩子不利。孩子知道家庭与教师的特殊关系后，就有可能产生优越感，他有可能不太在乎教师的要求，因为所有的事都可以由父母打招呼解决。其次是教师的位置被动摇。教师本来与家长可以没有教育以外的交往，现在他在学校教学中不得不较多地注意个别学生的表现，平衡被打破了。这种做法，严重损害教师的地位，而他的职业自尊从此荡然无存。比如，有个教师特别喜欢和学生家长谈股票，特别想听家长侃股经，从中得到启发；家长虽然不遗余力地把自己的所长传给教师，但他从心里看不起教师。他会认为这种教师不是好教师，他的子女在校，他不便说；待他的孩子毕业后，他会无情地贬损这种教师。前些年有个教师暗中做生意，专门找家长批条子弄紧俏物资，弄到计划后还要求家长告诉他卖给谁，赚到钱后如何逃税……事情过去多年，那个家长只要见到学校教师，就装作无意地说出来，弄得一些人很难堪。

有人并不把这类问题看得有多重要，包括一些学校的干部，为了自己的升迁，甚至讨好权贵子女，媚态百出，这是缺乏师德、败坏教风的行为。有些官员子女在学校，原本很正常，但是校长、主任有事没事到班上与他搭几句话；有的教师记性本不好，然而特别能记住这些学生的情况，这就搞出“特殊学生”来了。其他学生会怎样看这种现象？很简单，他们会因此看不起校长和老师。现在的孩子在这些方面并不单纯啊！有个教师买了新房，装修的任务请家长“帮忙”，家长心知肚明，几个人一合计，每人掏一笔钱，有的负责买建材，有的负责工程队，有的负责电路、电器，房子好了，几家的孩子也当上了“三好生”，后来也上了大学。家长可不是傻子，钱是被这个老师“讹”去的，现在他们无求于这老师了，便把老师当年的媚态和吝啬到处说给别人听，说得那老师窝心，恨不得把自己家的房子扒了！

“学校里面没有小事”，这句话谁都会说，但是能否真正理解其内涵，我就不敢说了。

17. 你为何要释放粗鄙

有位高中生说，他看到教师穿西装很高兴，但是听到穿西装的教师说粗话或大声喧哗，看到穿西装的教师随地扔烟头，就觉得穿西装的教师和街头穿短裤赤膊炸油条的汉子是一路的。——这种看法有见地，这样的表达也有创意，这正是语文教学的“目标”所在，所谓“工具性和人文性的统一”；而这位学生对着西装的要求，也是从“着装与修养”的“工具性和人文性的统一”出发的。

学生的教养比教师好，可喜。

有学生议论某教师不配当教师，他心目中的教师标准很高。他说，有的教师谈起学生时“眼神像晚娘，语言像泼妇”，真是入木三分。——我并不在意这种语言是否刻薄，我实在不愿意与缺乏人性的教师并列在讲台。要知道，当面以粗俗的语言挖苦学生，已经很不对了，有些教师不在乎自己的形象，总是要把自己的粗鄙释放在学生面前；更恶劣的是有的人在学生面前不多话，对任何现象都缄口不言，似乎城府颇深；然而一转身，就能用最恶毒的语言攻击、贬损学生，这是在把学生当仇人啊！更令人不可思议的，是层出不穷的各式各样的体罚，不仅在农村学校，在城市学校也一样。有的教师，真像打手一样，一天不动手打学生，他的骨头就发痒。他们的人格猥琐，心理阴暗，本身就是那种站不直的人。有时不得不哀叹今世何世，怎么这样的人也来当教师了？

受传统的影响，相对于其他职业，中国的教师队伍总体上还是道德素质较好的队伍。只是它离理想的标准还有极大的距离。

教师没有自尊是最可怕的。一位教师如果到了没有自尊的地步，作为教师，他的职业生命已经结束了。我听过几件事。有教师请人吃饭，酒足饭饱，客人告退，教师百般挽留“再坐一下”，几番过后，客人脸上不好看了：已经杯盘狼藉，为什么还不买单？此时忽有学生家长出现在包间门口，说“× 老师，签过了”。——原来这位先生是在等熟悉的家长来签单。于是散席。有人忿忿地说，以后再也不来了，和这种教师在一起用饭就像陪着他讨饭似的。另有一群教师到学生家长开的内衣厂“参观”，临走时老板送每人男女内衣各一包，大家欣然接受。事后该生对同学吹牛：所有老师，不管男女，贴身穿的都是我爸爸送的，不信可以打赌。

——没有自尊，任何人都会蒙受耻辱而不自知，然而教师缺乏自尊，斯文扫地，遗害是最严重的，因为他面对的是学生。那些随处释放粗鄙的教师，败坏的远远不是个人的名声。

第三辑

爱与敬重的阅读

1. 爱与敬重的阅读

听来应聘的硕士试讲。硕士没读过师范，不会上课，有点慌。因为学期结束，没有课文可上，就请硕士给学生讲一讲朋霍费尔的《狱中书简》。整整一节课，学生似乎对这篇文章没有阅读兴趣，他们好像不理解教师为什么要他们看这篇文章。他们不断地调侃，甚至出言不逊。我很难过。我为朋霍费尔感到悲伤，为那位没讲好朋霍费尔的硕士而遗憾，我更为那些亵渎了朋霍费尔的青年而羞耻。同事们安慰我，说学生毕竟是学生。我对同事说，到了高中还不知道敬重崇高，学生是怎么回事？这个学校又是怎么回事？

朋霍费尔是德国著名的神学家，"二战"时参加地下组织，反对希特勒的纳粹统治，曾参与刺杀希特勒的秘密活动，被捕后写下了《狱中书简》。当盟军逼近该集中营时，纳粹绞死了他。

我读《狱中书简》，想象年轻的朋霍费尔在牢狱中写作时，也许曾抬起头透过小窗，崇敬地仰望着那一小块星空的灿烂；我想象着他拖着被折磨得极其虚弱的躯体，在解放的炮声逼近时走向绞架，他的目光一定非常平静……那些盗火者，那些高擎着燃烧的心的人，那些走向流放地或绞刑架的殉道者，他们背负着沉重的历史纤绳，忍受苦痛与寂寞，一步一步地往前走去，为着大众的觉醒和解放。如果没有他们的牺牲，人类的历史将是多么昏暗和污浊！然而在一个自以为文明进步的社会，他们的牺牲却是那么容易被遗忘甚至被践踏！

到底为什么要读名著？是为了获得教养，为了能像一个真正的人一样地站立着。近年为编新教材，一直在阅读。翻译家杨武能先生把他译的《黑塞说书》介绍给我。黑塞说："因为教养得有一个可教养的客体做前提，那就是个性或人格。……没有爱的阅读，没有敬重的知识，没有心的教养，是戕害性灵的最严重的罪过之一。"——这就是说，如果不懂得敬重知识，不懂得敬重思想，不懂得爱，只图功利，只是因为要作为一项任务，任何阅读都有可能是无聊的、毫无作用的。因而黑塞认为，"我们先得向杰作表明自己的价值，才会发现杰作的真正价值"。如果没有这样的追求，读书又有什么意义呢？

现在大家都高喊人文教育，我就有这样一种担忧，担心又被当成幌子。教育界的老毛病，很像市井里巷的流行穿着，常常是一窝蜂地跟风，俗不可耐而自以为时尚。没有对昨天的理性反思，也没有对明天的科学预测，他只管摇身一变，毫无羞愧，你说什么，他就来什么，他就认为他有什么。许多当校长的，也只把人文阅读挂在嘴上，从他们也没有独立思考的习惯，就可以看出他们是不爱读书的。

所以，当我看到学生漠然地面对朋霍费尔用血写下的思考时，我就想到了"没有敬重"、"没有心的教养"的社会后果。

前不久，有位老人对我说："你知道为什么我自认为比今天的青年幸福吗？很简单：我有过理想，有过信仰，这些支撑我度过了青年时代；而现在的青年，他虽然快乐却没有精神的支柱，不等到了我这个年纪，他们就会垮的。"曾有家长问，为什么语文一直排在第一位？为什么还要背诵古典诗词？一个受过教育的人提出这样的问题，我感到不理解。我觉得和他谈这个问题会很吃力，只好说：如果数理化学不好，那仅仅会落后；如果母语学不好，缺少人文素养，那就是愚蠢了。如果在愚蠢和落后中间让你选一个，你选什么？

对不肯重视语文学习的学生、家长和教师，我已经不再苦口婆心地劝诫了，因为阅读需要爱，需要敬重。人如果到了十七八岁，还不能认识到人文精神的重要，还没有独立思考的意识，指望进了大学再修炼，性情心灵和教养已经有很多补不了的空洞了。

2. 读好书如播种

每看到有关青少年犯罪的报道，心情总是很沉重，虽然我很少直接接触那样的孩子。面对孩子们那被应试教育弄得迷惘呆滞的神情，我不知道他们的快乐会在哪里。许多孩子对快乐的期待相当低。和一些老教育工作者交流对青少年成长的看法，大家比较一致的意见，就是一定要抓紧孩子们的文学阅读。

青少年的道德养成，途径是多样的。通过读书获得文明教养，通过文学阅读净化心灵世界，是重要的途径。从青少年成长的实际出发，最有效的教育途径，是在他们睁开眼看世界的时候，让他们第一眼就看到最美好的东西，接触到最基本的道德理念，如诚实、友爱、自尊、善良、正直等，让爱和美充实学生的心灵世界，让崇高和尊严引领青春的目光。在这方面，有过相反的例子，或曰“报应”。几十年前，青少年的德育工作重点是培养“革命斗争性”，学校也有“斗争”的教育。于是“文革”10年成了道德沦丧的10年，学生斗争教师，儿女斗争父母，中华民族精神道德大衰退，举世无出其右，残酷野蛮的时间或许只有10年，但是造成的隐痛至今仍未消除，而那个年代的孩子，已经成了今天的教师和家长！

当然，教育工作者的词典中永远不该有“为时已晚”的说法，朝闻道而夕死，强于浑浑噩噩地混世。懂得爱，比只知道恨要好；懂得美，比美丑不辨要好；从小就想到要做有尊严的公民，他就会有充实的内心世界……

今天的阅读出了哪些问题呢？论起来，今天出版业的兴旺和繁荣是几十年前的我们根本不敢想象的，我们的孩子能得到比以前任何一个历史时期都要丰富的各种读物。那么，现在的情况究竟如何？调查的结果总令人悲观——现在中小学生的读书量小，经典名著的阅读量更少。这一代孩子，他们的学习作业量是中国有学堂以来最大的；他们的学业负担，可能是当今世界上最重的。其他地区的情况知道得不多，不敢说，江苏的情况知道一些，有些高中（其中有的还是名校），周课时竟达到70节，学生要从早上七点半钟一直熬到晚上十点半钟！10年前，苏北的一些学校为了提高升学率，每两个星期让学生休息半天，洗澡洗衣服，其余时间一律在教室学习，当时就大遭非议。而在高喊“减负”的几年以后，苏南的一些“名校”已经对高三学生实行“一个月休息一天”。——在这样的压迫下，学生根本不可能有精力去读经典名著，从前人文化中汲取营养，有的学生自言三年中，除了语文教科书，没有读过任何一篇文学作品。

学习负担过重，导致青少年文化修养普遍不高。前不久看过一份材料，说一些青年作家编故事的能力很强，但读书过少（所读名著就更少），粗俗，品位低，这从他们的作品中可以看出来。比起来，中学生的文学阅读就更成问题：有高考这把剑悬着，大多数人与莎士比亚、托尔斯泰无缘，没有时间读，读不懂，最后也就不想读。他们可以毫无文学修养，但他们能考上大学，有谋生的手段，能过得比一般人富裕。西方有人批评中国学生有文凭而无文化，即使不怀好意，也当引以为戒。

1984年美国国家人文科学促进委员会请400多位专家参与，列出了一份美国中学生必读的文学名著书目，这份书目有30项，其中有莎士比亚的《麦克白》《哈姆莱特》，柏拉图的《理想国》、惠特曼的《草叶集》、斯坦贝克的《愤怒的葡萄》，更使人感到意外的，是其中有马克思、恩格斯的《共产党宣言》，亚里士多德的《政治学》以及《圣经》。

中国有几千万中学生，中国学生也被认为是世界上最刻苦的学生，但至今并没有一份权威的文学名著必读书目，这不能不说是令人遗憾的事。

事实上，学生对“美”与“爱”有一种难以描述的渴求，他们非常珍惜心灵成长中的“感动”。人类道德文明宝库中的优秀篇章像一盏盏灯，长久地照耀着世界。在这些滋养了人类的经典中，蕴含着极为丰富的教育资源。一本好书往往就是一粒善良的种子，一粒诚信的种子，一粒爱的种子，一粒正直的种子，这些种子适时地播撒在孩子的心田，就有了真善美品格的萌芽，滋养感知，潜移默化，人的心灵就会变得充实、高贵、美丽，他就有可能始终站立着，像一个人一样地活着。童年、少年时一本感动过自己的好书，会在漫长的岁月中支撑着自己。如果每一年都能读几本这样的好书呢？如果这种阅读意识能伴随他的一生呢？如果所有的教育者都能有这样的阅读理念，我们面临的社会又将是什么样呢？——如果我们能找到开展经典作品阅读的途径，能利用高考指挥棒指导青少年的文学阅读，社会能真正形成多读书、读好书的风气，20年后的社会风气至少要比现在好。

3. 读名著竟成罪过

有班主任介绍“思想工作经验”，我越听越糊涂。班主任说，有个学生迷上了世界文学名著，影响了学习，家长忧心如焚，但是没有好的办法；经过她做思想工作，该生“改正了缺点，再也不看小说了”，后来成绩名列班级前茅云云。说到这里时，她眉飞色舞。

我立刻为她的学生感到不幸。

不准看小说，准看什么呢？看这位教师的志趣（如果她还有“志趣”的话），只能是辅导书和习题集了。全国的出版业中，效益最好的都是哪类出版社，这些出版社靠出什么书创造效益，传媒讳莫如深（所以下面的话如果说得不准也怨不得我）。——不是说“要发财，吃小孩”吗？从小学一年级到高三，24 个学期，科目少则三门多则十几门，每学期要买多少练习册和习题集？（天哪，要砍去多少森林啊！）学生的书包是怎样重起来的？家庭教育开支是怎样增加的？学生的人文素质是如何低下去的？……这其中能说没有“有机的联系”吗？更何况许多习题集和练习册，纯粹是“剪刀加浆糊”的产物。

一本好书，能激励几代人（如巴金的《家》），当今青少年缺乏的，正是这种以火热的激情唤醒人的理想，引导人们走向光明的优秀作品。旧时代，青少年常常是读了一本好书后开始觉醒，坚定不移地走上革命道路；有人则是在听了教师的一席话后把一门学科作为毕生的事业。现如今大家面前都放着练习册和习题集，有的教师竟无知到不准学生读文学名著，这真使人伤感。——这一代人不读书，必然贻害下一代。

我不敢想象，几十年后，当这些学生成了父母甚至祖父母时，面对孩子，将怎样解释自己的“有文凭没文化”呢？

现行的教育机制，不但毁了几代人获得正常教育的机会，也毁了几代教师。市里办教师培训班，请了“名师”上课。“名师”夜郎自大，不知有汉，说起文学史张冠李戴，已经让人生疑，后来说起语文教育，大家想，这回不该再错了吧，没想到又是关公战秦琼。最后说起高考，终于来劲了。在一些名校，教师因学养不足而被学生看不起是常事。特别是文科教师，如果读书过少，又恰恰遇上了读书多的学生，课堂上的冲突就会多起来。到了高中，学生不会因为教师知识视野的局限而嘲笑教师，而会因为教师缺乏对美的基本判断，缺乏对美的发现而认为教师不称职。

现在的青年教师，读书条件远远胜过前辈，也许是因为诱惑太多，读书动力和效率反而不如前辈。功利的应试教育让他们上了大学，功利的读书又驱使他读到更高学位，最后，应试与功利教育孵出的一代人走上了讲台，他只能把自己的一套“经验”搬给学生。我不止一次地听到已经毕业的学生在议论一些教师的粗俗无知。这些学生很厚道，他不是故意要揭教师的老底，而是把教师的粗俗当作“质朴”，把他们的粗暴做法当作一种“好意”，把他们不准学生读名著看作一种“关心”。然而他们说“当教师真辛苦”，“当教师实在没意思”。

非但如此，很多学校也不热衷图书馆的建设，因为不懂行。在一个满脑袋“形象”、“政绩工程”的校长那里，建设图书馆远远不如在校园门口种花摆花。他的想法是：学生只要能完成高考就行，要读什么文学名著呢？何况根本没留时间让学生去读呀。有教育官员私下谈到教育危机，说现在一些校长就和当年的伪保长一样，八路军来了，他提供情报，鬼子来了，他也交粮食——油嘴滑舌，左右逢源。你只要说中学语文要重视人文教育，中学生要读文学名著，他三五天就能把图书馆装备得符合文件的规定，可是他绝对不会安排时间让高中生每年读几本文学书的。而从评重点中学，到评“示范高中”，再到如今的“星级学校”，教育行为与教育口号完全背道而驰，看那些弄虚作假的“材料”，就是没有对教育的敬重，没有心的教养，有的只是“政绩”，这不是“戕害性灵”又是什么？一个语文新课标出台，带来无限的商机：书店里堆积如山、粗制滥造的成套的“文学经典”、“名著丛书”，都挂上了“课标”的幌子，而背后都是出版商的贪婪的目光。但是，这些名著即使被学生买回，如果遇到那种无知而不讲理的教师，一样地遭受封杀，有什么办法？

4. 黄花岗上

同事问，为什么你特别看重《〈黄花岗七十二烈士事略〉序》这篇文章？我说不清，可能是因为一向对不肯下跪的人物怀有敬意，可能是因为想到上个世纪初，在风雨如磐的中国，还有那么多敢拼命的硬汉子，也可能是因为想到这些不屈的灵魂至今死不瞑目……

有过不少到广州的机会，都因种种原因而没能成行。2000 年到广州出差，人已半百。会议讲究效率，没日没夜，广州城是什么样，到会议结束我也不知道。但是终于有一天，我利用午休时间去了黄花岗。如果这次再不去，我会后悔一辈子的。

在黄花岗只有一个小时的时间，却也算了却了我的一桩宿愿。这是我少年时代就仰慕的一群精英，这是我从少年时代就想来拜谒的地方。这里长眠着专制统治下最早觉醒的一群人，他们不肯留那屈辱的辫子，不肯下跪。我抚着那一块块的基石，在心里默诵着他们的名字。他们死去的时候，都是青年，只因为不肯下跪，故而含笑面对必死。黄土可以埋葬青春的躯体，但是岁月不会埋葬青年的梦。

我去的那天，本当是有阳光的，可能是因为污染重，天总是不太明朗。我想，辛亥年阴历三月二十九日（1911 年 4 月 27 日）那一天下午五点钟时的广州，是什么样的天气呢？想来想去也是惘然。我只能想到，他们多是南方青年，说着我不大听得懂的广东话、福建话和四川话，虽然几路队伍总共就那么二三百人，但是出发时他们并没有像现在的特种部队一样隐蔽，而是大摇大摆地走向敌人，还呜呜地吹着螺号……

他们死了没多少年，就有人怀疑他们牺牲的意义，那意思似乎是有些不值得。说他们只不过赶跑了一个皇帝，说他们只能剪去人们头上的辫子呀，有“局限性”呀，“仅仅为了不跪”呀……我觉得这就像高尔基的《伊则吉尔老婆子》中丹柯的故事，当丹柯撕开胸膛，掏出心来，擎着那燃烧的心带领人们走出绝境，耗尽了最后的能量而倒下时，走出苦难的人们只顾着欢庆，不但没有把他当作英雄，还悄悄地踩灭了那还在燃烧的一点生命之火。

徐世昌当大总统的时候，有人开玩笑，送了一块匾，其上大书“清风徐来”，盖因徐世昌在清末也是握有重权的“辫臣”，也是要杀革命党的人物。何止是他，后来的总统黎元洪曾在武昌起义前夜手刃参加起义的马弁，曹锟也是辫臣，看孙中山让位后的所谓民国政府总统，有几人手上没有血？摇身一变，却全成了握手言欢的同志。“洪宪”的时候，蔡锷的生活很优裕，虽然病魔已经侵入了他的肌体，如果他不劳累，径去西方或是日本医治休养，生命还能延续较长的时间。但是他说了一句“所争者人格耳”，就义无反顾地赴云南高举义旗，讨袁护国，成为再造共和的功臣。这“所争者人格耳”，即使是在今天，我看也是很高的境界。

多年之间，对辛亥革命的评价竟不如对太平天国评价高。这种历史观也是很能看出一个人的识见的。但是我相信，总有一天，人们会明白，如果让洪、杨闹成功，中国将陷入更黑暗的时期。人头落地事小，中国人从此将被挖去膝盖骨。由此又想到 1966 年“文革”中，秋瑾的墓被砸，南京谭延闿的墓也被炸，其他各处辛亥志士的墓冢，多遭玷污。（日寇当年侵华，这些墓冢并没有被破坏。）造反者的所作所为一点不逊于邪教，比清廷鹰犬爪牙更疯狂——可是你别被他们的疯狂吓住，因为他们全是跪着的。

我们中国，只有到真正没有了奴隶的那一天，才会真正强大并自立于世界民族之林。亿万中国人曾经怎样地跪着仰视半空中的人形的上帝，曾经怎样地膜拜一张标准像，曾经怎样狂热地想看一眼“芒果”……因为那时候他们还没有懂得什么是真正的“从此站起来”。从猿到人，站立是重要的因素；从自然人到“独立的人”，必须从思想上站立起来。然而，中国有些读书人的地位不是做学问做出来的，是跪出来的。辜鸿铭脑袋后挂着一支小辫，北大的学生笑过他，老辜说：“你们不用笑我，我的辫子好剪，只怕你们脑袋里那根辫子不好剪！”

步出黄花岗的时候，天空还是那样的不明朗，但是使劲地呼吸，还是能嗅到阳光的味道。89 年前长眠在这里的青年，已不睹人间风雨，他们宁静了 89 年，把激动留给后死者。

我对自己说，因为有了他们，我爷爷剪去了辫子；因为有了他们，我父亲那辈人可以见官不跪。今天，剪去我心中的辫子要靠我自己，我的灵魂不下跪，也只能靠我自己。

5. 理直气壮谈“教养”

现今学校教育在过于重视学科成绩的同时，忽略了“教养”；而“德育”的形式内容繁多，又偏偏忽略了“风度”。

如果德育的要求过高，做不到，也就容易流于形式，不如放弃这种“高空作业”，重视基本道德养成，教给学生最朴实的东西。比如“不要妨碍别人”，看起来是很低的要求，可是正是这个“很低的要求”，相当多的人却做不到或是做不好。独生子女在家里被百般娇宠，走出家门便妨害社会。这并非危言耸听。比如在学校里教师最伤脑筋的常常不是教学，而是学生的没有礼貌，没有规矩。在学校的办公楼里，学生旁若无人，大声喧哗；在教学楼就更加肆无忌惮，上下楼很少有人给教师让路，即使奔跑撞倒了教师，至多说声对不起，然后照样横冲直撞；更有甚者，还敢当着女教师的面说粗话……

痛心于这样的现实：一方面，家长望子成龙心切；另一方面，他们却认识不到，一个没有教养的孩子今后在文明社会寸步难行。不是有许多家长希望孩子以后能到美国去吗？据我所知，美国校园很文明，而有些社区不肯把房子租给中国学生并非出于民族歧视，而是因为其举止不文明，不讲卫生。

学生需要表率。我们可以看到这样的现实：家长修养好的，孩子也比较文明；家长粗俗张扬的，孩子在学校的“麻烦”也多。同样，教师的素质对学生影响也很大。有些家长，很希望孩子能有一个会“严管”、“死揪”（苏北话，即拼命搞应试）的班主任，只要能把自己的孩子送进大学，其他一切无所谓。他们完全不懂得学生的人文素质更为重要。而一些教师的教养也令人担忧。同事告诉我，他女儿的小学数学教师上课时粗话不绝，孩子回家学给家长听，家长很震惊。有中学女教师穿高跟鞋，鞋跟上用了钉，走起路来带着刺耳的响声。虽无明文规定，她自己是应当意识到的，然而因为目中无人，她就这样以她的鞋钉声音喧哗于教室、办公室、图书馆及一切地方，所到之处，人人侧目，最终习以为常。而她根本没意识到自己妨碍了别人。这还不足以令人害怕，可怕的是她的学生也会因此变得粗野！她在教育教学中也不可能想到要对学生进行个人修养方面的教育，即使提及也将是“白搭”，因为她的“表率”摆在那儿呢，她的学生怎么可能有“人文意识”和“教养”？

有老教师说，他一生从事教育，并不是把学生送进大学就完事。如果学生只不过是“高分低能”，以后还有改造发展的可能；如果是“高分低德”，那就完了。在这个世界上，可以没有贵族阶层，但是不能没有绅士风度；在丧失了绅士风度的社会，文化教育至多也只能起到油漆的作用——粉饰涂抹而已。

所以不必遮遮掩掩，也不必去贴与时俱进的标签，教育界现在就应当明明白白地提出“教养”的概念。

6. 珍爱生命

有教授在中学演讲，谈敬畏生命。有女生提问，说，有些人的生命没有什么价值，可不可以在不触及道德底线的情况下，剥夺他们的生命——也就是杀死他们呢？教授听了很奇怪也很痛苦，说："看来我的课失败了，我想同他们谈的正是要爱别人的生命，她怎么说出这样一番话来？真可怕。"

这有什么可怕的？我告诉教授，某校有位女生从教学楼跳楼自杀，公安局要查验现场，了解情况，该生的遗体仍躺在教学楼边，学校的其他班级竟然照常上课，照样读外语，照样解数学题，老师照样教，学生照样学，几乎一切如常……有个来交流的外国学生很不理解，问，为什么这个同学刚刚失去了生命，她班上的同学仍旧能说说笑笑？下午，他独自到出事地点献上一束鲜花。他的行动带动了中国同学，学生开始关注，开始思考……

我又告诉教授，在若干年前的一次问卷调查中，在一个获"先进集体"称号的优秀班级，有 10 多个学生在"你最崇拜的人"中填上了"希特勒"。当班主任因此而愤怒时，班上竟有许多同学认为他大惊小怪，反应过分！

这就是"文革"的报应。在人们处心积虑地想要忘却某种事实的时候，历史就一定会给他种下报应的种子。1976 年 11 月，在谈论"文革"的后果时，我像是无师自通地说了一句，"文革"的后果可能要三五十年以后才看得清楚。因为在那个可怕的年代，肆无忌惮地践踏人的尊严，践踏人的生命的现象比比皆是，野蛮作风严重毒害了一两代人。当这一两代人成为社会中坚的时候，他们对下一代的教育有可能带着有毒的基因。现在,那些在“文革”中没有洗净手上鲜血的人已经成了社会中坚,而没经过“文革”的一代已经成了教师。“文革”没有得到清算，似乎已经被遗忘了。“文革”以前的17年也没有得到认真的反思和清算，因而践踏人的尊严，践踏人的生命的现象一直存在。

从我记事的时候起，就一直接受“献身”教育，每年我们都得看大量的旨在宣传“献身精神”的小说和电影。但是“文革”初期，我开始对这种教育怀疑，那些唆使青年无辜就死的人，几乎全都怀着不可告人的政治企图，我并不认为青年们的死有什么价值。到了运动中期，我已经学会用他们教给我的“透过现象看本质”去剖析他们，再也不相信那些言善行伪的家伙。在他们要求大众“一不怕苦，二不怕死”的同时，他们比谁都怕苦怕死！而且从那以前起,他们就开始腐败,这在所谓“老三届”的上山下乡运动就可以看出来：稍有点权势的人物，子女没有上山下乡的。到了20世纪80年代,从那些不小心披露出的真相中,我知道,就在全国人民生活困苦的时候，就在军民忘死抢救国家财产的时候，到处都在为少数人建造楼堂馆所，他们为了聊天可以用专机去接清客，有人还可以吃到专机运送的荔枝，比飞骑送荔枝进步多了。

再说当今，不管在哪里，你都可以看到：医院没有保证金是不替病人医治的，虽然它的门厅里有巨幅金字的“救死扶伤，发扬革命的人道主义”屏风；药商在电视上大做广告，大发横财，而城市低收入者和农民根本买不起药……穿白衣的不一定是天使，他们对待生命的冷漠绝不是靠一场煽情晚会的眼泪就可以遮盖的。

清华大学学生刘海洋用硫酸泼熊，云南大学学生马加爵无端锤杀四个同学，这样的新闻有轰动效应，但是更多人的冷漠一样的可怕。人文教育缺失，必将会有报应。

7. 他们没有道歉

去年参加语文教科书编写,编写组决定设一个“珍爱生命”的专题。有教师特别提出,“珍爱生命”现在被一些人说得有点歪，不能仅仅理解为珍惜个人生命，更宜强调珍爱一切生命，特别要强调珍爱他人的生命。

世上有许多不可理喻的事。砍头的时代过去了,枪决也将成为历史，不久之后，就要推广“注射式死刑”，这多多少少让爱看杀头泄愤的国民失却了一种痛快，一如见过了巨舰大炮，就觉得潜艇导弹过于袖珍，缺乏气度。然而，昔日有看杀头万人空巷的盛况，今日则有无数的观众可以通过荧屏一睹死囚形容：人们对这些即将走进坟墓者还是有兴趣。

媒体热衷这样的服务。好多次了，在电视节目中看到死囚临决前面对摄像机镜头，当被问及还有什么话要说的时候，这些血债累累、恶贯满盈的罪人往往会说“我对不起爹妈”、“我对不起老婆孩子”——于是，节目主持人或是司法人员总是非常感慨，认为“人之将死，总还有一丝良知”云云。

这一说，就让一些人忘记了他们是如何走到这一步的了。

上海有一青年球迷，仅仅因为他喜爱的曼联队输了一场比赛，就无端地杀死了一位女同事。这个杀了人的球迷在死牢里一点也不后悔，在他的眼里，任何人的生命也不如他的外国偶像的荣耀重要。看到这个疯狂球迷的愚蠢和冷酷，任何人都会不寒而栗：这是个完全没有人性的动物。

浙江金华的高中生徐力从容地杀死了母亲，又平静地到学校上了两天课，消息轰动全国。被收监待审的徐力一下子成了新闻人物，隔三岔五地在牢里接见记者，记者也及时地把高中生徐力的各种讲话向社会发布。有记者问:“如果有一天你走出监狱，你打算怎样生活？”徐力说:“要认真读书。”愚蠢的记者认为他在采访一位思想家，问他 :“你对天下父母有什么话要说？”这个徐力说 :“希望多给孩子一点理解，多给孩子一点空间，多给……”——于是马上就有读者大加赞赏，认为该生一张嘴能说会道，是“语文学得好”云云。浙江的一位教授闻之怒发冲冠，骂道，这个学生弑母而不知忏悔，竟不知母死不能再生，唯念“要好好读书”，已经是完全的畜生 ；作为教师侈谈什么“成果”，何异于教唆杀人？我闻之也极为不解 ：在我们中国，难道读书求功名竟能重于母爱？

事情就这样不可理喻 ：这些杀人者，为了私欲或个人情绪，毫不怜惜地毁灭他人的生命，毁灭别人的幸福，剥夺别人的尊严，践踏别人的希望，他们毫不在乎自已将被钉在耻辱柱上。可是奇怪的是他们在受到正义的审判时，竟然还想到上诉，希望宽恕，这说明他还是“珍爱生命”的；他们在临刑前还想到“对不起父母”，说明他们还是人，还有一点点人性；但他们几乎只字不提那些被他们夺去了生命的人，不利用最后的机会向被害人及其家属道歉，这就说明：他们至死也没有具备起码的、作为人的良知，至死也不懂什么叫“珍爱生命”。

怎么又想起这些事的？

我一向不屑评论日本政府的种种表态，我也从不奢望会有真正的友好。因为我生在南京，长在南京，历史给南京留下的悲惨，世世代代难以磨灭。我相信，对小泉参拜靖国神社，世界人民能理解中国人的愤怒。日寇屠城，日本至今不认为有罪，反倒认为错在中国人的反抗。侵略者战死在中国，感到“对不起父母”，但他们在中国烧杀奸淫，却不认为对不起中国人。现今日本人去拜靖国神社，是表示对前辈的敬意，怀念“日本人民的儿子”，当然不会为死在屠刀下的中国人上一炷香的。

失却了人性，还能剩下什么呢？

8. 小睡有何不可

听到某校的管理“经验”：领导检查教学，发现课上有学生睡觉，遂提出在教室后面设置“观察席”，让爱睡觉的学生坐到那儿去。我听了很不理解。这种做法不尊重学生人格，而且不顾学生的健康，这么落后的做法，怎么敢当经验介绍呢？

还记得多年前第一次默许学生课上睡觉的事。课上到一半，发现后面有位学生睡了，小声喊他他没醒，想到他也许实在是累了，怕他着凉，就请同座帮他盖件衣服。学生睡了一会儿就醒了，神情内疚，我安慰说没关系，并对大家说，以后上课谁如果睡着了，就轻轻地替他盖件衣服，少听几分钟语文课不要紧，万一生了病，损失就大了。我不认为这样做有什么不对。《论语》上说孔夫子骂宰予昼寝是朽木不可雕也，我一直很怀疑，仁爱为本的孔子怎么会骂学生睡觉呢？曾有人认为“昼寝”应是“画寝”之误（繁体中“昼”与“画”形似），大概是宰予生活奢侈，把卧床精雕细刻，故孔子生气，此说似亦通。

从我读小学直到现在，“学生守则”中好像都有一句“上课认真听讲”。——教师应当都知道，中小学生的持续注意力一般不超过 30 分钟，所以有经验的教师不会满堂灌，也不会让学生始终处于紧张状态，因为即使强迫学生集中注意力，也不会有好的效果；况且学生还有下一节课，照样会累，一天六七节课下来，始终处于这种高度紧张状态，能吃得消吗？谈到这个问题可以举个例子：为什么现在单位开会（包括学校教职工大会），先到的人都喜欢往后排坐，讲台前都要空出一大片？不就是为了坐在后面可以分分神，小声聊聊天吗？即使是教师听报告，也很少有自始至终端坐不言的；机关会场上不也常有小睡一会儿的事吗？我每次说到这种现象，听者都会心地笑起来。既然如此，为什么对学生要苛求？

学生上课打瞌睡，原因很多。在他已经疲倦的情况下，要求他集中注意力去记住教师的讲话，很困难，这时候不如让他小睡一会儿，只要他不妨碍别人听课。不止一次地听到教师允许学生课上睡觉的例子，我觉得这是人道的教育。有经验的教师总是能注意学生的心理健康，对学生听课分神做出正确的分析判断。——当然，如果学生一听你的课就想睡觉，那得另当别论。我们有些同行上课确实有催眠作用，需要改进。

对教师而言，要有本领把课上得让学生喜欢，让学生轻松愉快地学习。如果学生能喜欢他的课，只是因为特殊原因偶尔打个瞌睡，不值得大惊小怪。

这类现象应当引起我们对传统教育观念的反思。比如，中国孩子从小学一年级起上课就坐得很直，从孩子的身体发育来讲，这样做也许是有必要的，但如果把这样做视为纪律教育品格教育，可能欠妥。六七岁的孩子上的不是军校，也不比出家人练入定，为什么一动也不许动？有些孩子上课动动手脚就会被认为“不专心”、“好动”，要作为问题提出来告知家长，要写进学期评语存档，要当成不良习惯予以劝诫，这样的教育，是衰败的教育，是没有活力的教育。有人说中国中小学生“有规矩”，换个角度看，可能未必是表扬。

在省里组织的一次学习班上，我把上面的话说给骨干教师听，下面递上来一张条子，条子上写的是：“你凭什么认为语文课少听几分钟不重要？”这令我想到，说服教师有时比教育学生更难。

9. 跑，还是别跑？

校园里常有这种现象：打上课铃，总有些学生在校园内狂奔，生怕迟到。课间只有十分钟时间，很紧张。这些学生，有的是到办公室交作业的，有的是实验室离得比较远，有的则是因为厕所排队……总之，原因很多。而冬天的早晨，懒起、公交车挤，迟到也是常事。有的学校抓得紧，迟到的学生要在校门口接受值勤师生的询问，要记姓名班级，每周公布；一被公布，班主任得找去谈话教育。因而谁都不想迟到，毕竟这是让人难堪的事。

可是每看到学生狂奔，我都会习惯地把他喊住，请他慢走。因为校园里路短楼多，更兼设计“园林化”，曲折无度，高低不平，那样狂跑往往导致不测，万一摔倒或是撞了人，鼻青脸肿事小，如果伤筋动骨，麻烦就大了。在学校经常会看到绑了石膏拄着拐杖的学生，自己受苦痛且不说，累及家人，还会给同学添麻烦……

既然已经迟到或是快要迟到了，那干脆就正常地走吧，下一次计算好时间就行了，要防止更大的损失。——“别跑，慢慢走”，“路滑，会摔跤的”，我对学生说。学生听了我的，放慢脚步，可是刚刚放慢脚步，就听得后面一声训斥：“迟到啦，还不快跑！”——这一来，学生就不知道该听哪位先生的了。可是我不认为“别跑，慢慢走”有什么错。学生的人身安全要比不迟到重要，同时要相信学生不会故意迟到。因而如果看到学生狂跑，最好要及时制止，要有爱护学生的意识。——这是我对教师同行说的话。

和很多教师一样，学生迟到，我一般不问原因，除了不愿意中断讲课，分散学生的注意力以外，还在于不想让学生难堪。然而有些学生似乎并不领会这种良苦用心。有次期末讲评试卷，早上第一节课竟然有 14 位学生迟到，最后一位迟到了 25 分钟。课没法上下去，不得不停下来问原因，其中有几个说：老师你说过的，既然迟到了，就不用跑了，安全要紧。话音甫落，哄堂大笑。——教师关心你的健康和安全，你不能利用这种宽仁来放纵自己，你也应当尊重老师和同学，因为迟到妨碍了别人。我对同学们这样说。

有时候，心里很矛盾，我们在关心、爱护学生时，会不会纵容或是助长他们一些不好的习惯？怎样让学生懂得更多地为他人着想？对孩子，我不主张严酷教育。如果教师为了严明纪律或仅仅是为了杜绝迟到，就命令学生狂跑，让学生损失一条腿或是一支胳膊，是很不人道的。学生毕竟不是军人，去上课毕竟不是抢占制高点。学校的规章制度要以人为本，要有人情，要体现人道精神，不能把学生当机器人。教育是诗一样的事业，教育应当教会仁爱，因此，正确的教育观念在现阶段即使被误解也不要紧。所以，我仍旧反对仅仅为不迟到而在校园内奔跑。

10. 昨天的故事

学校有规定，晚自修要点名，不得请假，中秋节晚上也不例外。我当班主任的时候，为了安抚学生，每逢此时，和他们一起用晚餐，然后一起到教室，他们自习，我备课。当时一些老教师也是这样做的。我认为这样以身作则，学生会口服心服。没想到的是学生并不在意教师的这种表率作用。有一年中秋，有个女生来请假，说是约好了和姐姐一同赏月。我说，还是别去吧。女生板着面孔不吱声。到了晚自习，竟没来。有学生说，看老师怎么处理。我能怎么“处理”？后来也只是说了两句。因为学校的规定不近人情。在有合家团聚传统的中秋，有什么必要强迫学生“安心学习”呢？有什么比享受亲情更怡人的事呢？还有什么比让学生关心父母更重要的呢？好多年过去，我早已不当班主任了。有个女生在作文中写道：“……我算过日子了，中秋那天是星期三，学校又不准回家……奶奶已经七十多岁了，我应当和奶奶在一起过这个中秋……老师，你是我们最尊敬的人了，能帮帮我吗？……”那是我第一次帮一个并不熟识的学生去向班主任请假，也许因为已经升级为“老教师”，所以年轻的班主任很给面子，痛快地准了假。我得寸进尺，对班主任说，家中有老人的同学，要请假回家的最好都准假。后来这位班主任告诉我，自从此事后，他“威信直线上升，工作极其好做”。

以前在农村插队时，也偶有干部来和群众“同吃同住同劳动”，但是从来不能解决问题，因为那个“表率”变成了“秀”。虽然手上也磨出了点老茧，虽然每天都喝了几大碗稀粥，虽然每天晚上都与绕床饥鼠为伴，但是他们毕竟拿工资有劳保，而农民没有任何生活保障，怎么“同”

法？农民说："他们三五天'做表率'，一个月两个月就做不起了；他做一天'表率'，共产党给他两三元钱一天工资，我起早带晚，累死累活，比他苦多了，挣一个工分才三毛钱，应该是我给他'做表率'！"这句话把实质点穿了。班主任不回家过中秋节，目的就是要学生也不回家，看起来是"牺牲自己"，可是这种牺牲毫无意义，而且不近人情，近于野蛮。

又是好几年过去了，我把这些往事讲给青年教师听，反应并不如我预想的那样。应试教育早已深入人心，我的这些想法显得多么不合时宜啊。有位班主任甚至对我说，首先班主任已经没有这样的权力，如果你做出中秋可以回家的决定，那么学校要找你算账，怎么可以不抓学习，放任自由呢？不仅如此，家长也可以到学校问罪：让孩子回家，路上出了事你学校要负责。——现在是法治时代，一个班主任的"亲情意识"最后只能服从于"监护意识"。

也是20多年前的事。晚上九点半，有个调皮的学生跑到我的宿舍来，他在晚自修结束时和同学打闹，手背砸到黑板下的水泥槽上，受伤了。看他掌背皮肉绽开，鲜血淋淋，露出了骨头，我立刻骑车带他去医院。医生说要立刻缝合，哪知道医院的急诊室把麻醉药用光了，医生说还是转院吧。万一下一家医院也没有麻醉药呢？我怕耽误治疗，就对那男生说，没有麻醉药也是可以缝合的，我手臂上的这伤口缝合时就没用麻醉药，你也行的，来吧。我拿出一块手帕让他咬在嘴里，按住他，说："你要是鬼喊，我明天告诉全班。"说完让医生动手，医生缝了4针，夸他好样儿的。医生忙得一头汗，嘀咕了一句："我还没见过这样做教师的呢。"我说，所以中国的教育落后呀。中国现在缺的就是男子汉的教育。

然而今天要是出现这样的事，一连串的官司会等着我：晚自修你为何不在现场？学生受了伤，为什么没通知家长？为什么不给学生打麻药就动手术？……再加上小报狗仔队添油加醋，还不知道会弄出多大动静来呢！

我经常感慨，对我们的教育而言，好像一个时代结束了。早先教育上很多可行的做法，现在听起来像奇闻轶事一般。

11. 天空只能是“蓝蓝的”吗

友人之女读小学二年级，考语文考得一头雾水。试题是“天空是______”，她填的是“灰灰的”，结果被扣了2分。那么应当填什么词呢？孩子说，老师说答案只能填“蓝蓝的”。一年365天，我们城市的天空究竟是什么颜色的，我们的孩子没有说谎。但是结果只能是“蓝蓝的”。

上海的于漪老师来访，我对她说，现在的语文，我是越教越不会教了，她听了感慨万端。于老师是教师的旗帜，我在她面前这样流露悲观情绪，也实在是看透了“回天无力”。

现在学生的课业负担过重，远远超过了旧式学堂。有文章提到小学生作业做到凌晨两点仍不能完成，家长纷纷打电话指责教师的事；有的孩子一天用完三本练习本，有的一天写完一支笔芯；10岁的孩子，握笔的手已经生了老茧……但，教学效果如何呢？以语文为例，即使高考过了关，但是大学生的语文水准如何，我看未必能以辩论得胜的凤毛麟角去作鼓吹，从大学宿舍区到处可见的“遗失启示”倒是能见其一斑。我不大忍心去责备同行，高考的指挥棒苦了学生，也害了教师。我也不想过多地评论高考。高考是目前社会条件下唯一可行的方法，但它不是最好的方法。—— 但是很多人只注重前一个意思，不愿意提后一半。应试教育“深入人心”，即使是很有特色的一些名校，在高考问题上也从来不敢怠慢，一如马上要通过雷区和炮火封锁线。应试教育就这样在桎梏着语文教学的改革。

陷在困境中，花样却也不少，这是形式主义在作祟。人人说教改，都以为反了传统就算“改”与“革”了。现在从小学起就搞“标准化命题”，譬如“天空是______”，供选的答案就有“A．蓝蓝的；B．灰灰的；C．青青的；D．白白的”，如果答案只能是“蓝蓝的”，不能是“灰灰的”，那么，我们如果不是色盲的话，可以睁了眼多朝天上看看。其实，答“青青的”、“白白的”真的就该算错吗？人是活的，语言也是活的，活的人学死的语言，考死的语言，甚至考指鹿为马，我们的孩子脸上能有无忧无虑的笑吗？

很多孩子在上学之前说话就连贯，表述也生动，经过6年小学和6年中学，懂得了无数关于语文的知识，考过成百次语文后，说话非但没有文采，甚至也不流利了——12年的语文教育和考试似乎只达到了一个目的，即告诉学生：母语不好学。

中国语文的教学应当如何改革与发展，这个问题很大，不便于在这里谈。但有一个意思我想说出来，不为别的，为了“深深地吸上一口气”，即语文教学应当保持民族特色，尊重民族语文教学的传统。有鉴于是，对旧式学堂乃至私塾教育，也不应当全盘否定。现在的小学语文教学，教“春天来了，燕子飞回来了”，其实即使不教，孩子们也会说这句话。到了三年级四年级，就教他们：“春天”是“主语”，“燕子”也是“主语”；“来了”和“飞回来了”是“谓语”。到了初中，要告诉他们，这是一个复句。到了高中，他们知道了，尽管是个复句，是“并列关系”、“承接关系”还是“因果关系”，还可以商榷……其实与其如此折腾，还不如让学生娃娃背背“旧时王谢堂前燕，飞入寻常百姓家”。虽然开始时他会似懂非懂，但一俟悟通，肯定受用一生。读6年小学，能背诵百十篇古诗文，可能要比会做“每日一练”、“习题精选”要有用。旧时在乡里读过几年私塾，背过《四书》的，就敢在乡里操刀笔写讼词、撰碑记；今之报纸总编、大学教授，开口闭口“您的家父”、“我的令郎”，这是令语文教师汗颜的。我听报告，常希望报告人能有几句风雅，但总是失望，他们往往连个像样的成语也用不出，我虽不必为之汗颜，但想到我们的孩子只能说“天空是蓝蓝的”，便疑心他们以后见到“青天大老爷”的字样，会不会也认为是错话，要扣他的分。

12. 考考你

曾写过一篇《为征答反义词告白》，斗胆面向全国专家学者征答“水牛”、“绵羊”的反义词，至今非但没有结果，倒是又招致麻烦，有人误以为我做这样的学问，又送一些难题来难为我。

一家大学出版社出的小学四年级语文习题集，问，“海洋”的反义词是什么？另有一本由教育部门指定的练习册上规定写出“忽然”的反义词。我被问得头昏，想看一下高明的答案，可是这两册书竟然都不附答案。

不久前还看到一本高中文言文习题集，价格不菲，却是页页有错误，而且不是一般的错字，大概是因为不好意思再用“剪刀加浆糊”，要追求“与众不同”，所以挖空心思，结果笑话百出，或是关公战秦琼，说东汉在西汉前面，或是爬罗剔抉，这书中最出色的一题，是要你答出“而”的 15 种用法……令我等望风披靡。

再考一考你的历史常识：毛泽东第一次用电话指挥的战役是哪一次？——请不要认为这是开玩笑，这可是一份历史高考模拟试卷上的问题，相信老革命们遇到这些老问题也未必能回答出来，更不用说孙子们了。我现在想不出他们还可能出些什么样的怪题目，但是文科考生不怕远征难，他们甚至被戏谑地告知：除了编号、定价、印数，一本历史书要全背下来。

由于应试教育的笼罩，一些教师低下的业务水平被掩盖了。有小学二年级学生说，她的语文老师要求遇到不懂的内容自己查词典。练习册上有一句“李老师和颜悦色说……”学生查了“和颜悦色”。第二天上课，学生就说了成语“和颜悦色”的意思。但是这位中年教师竟然说学生搞错了，问：“你们怎么把‘颜悦色’当成词了？这是个同学的名字呀，就是‘李老师对颜悦色说’呀……”还没等她笑容可掬地“呀”完，同学纷纷喊不对，老师一板脸，大家都傻了。孩子们回家都说了，家长也呆了，但谁也不敢向学校反映，因为那位老师工作认真，人缘还是不错的。有什么办法呢？

办公室曾有位来自伦敦的英籍教师，有英语教师请她看高中英语试题，有一题把这位英国教师难倒了：答案是B，但她说应当是D，D比B好，她在伦敦就是这样说了几十年的。中国同事很疑惑，因为这本书是比较权威的。第二天上班，她又告诉大家，因为中国同行太认真，搞得她不放心，查了书，还问了同楼的英国教师，不但D对，C也是可以的，而且A也不能算错。最后她反问：中国学校为什么要考这些问题？我要是跟你们学上几年，回英国就不敢说英语了。

罗列这些琐事，实在是因为心烦。改革开放20多年，教育有了发展，但矛盾也突出。大家都喊改革，改到现在，一些最基本的问题还没能触动，而当年的背十几斤书包的娃娃们，现在已经当上教师了。有些地方，学校工作形式主义猖獗，改革没见迈大步子，一年到头花样百出；有的学校已经成了“学店”，家家都有“钱校长”（负责搞钱的）。一谈到具体的教学，官僚主义者不是顾左右而言他，就是说上许多不三不四的话，研讨会开了无数，能去的地方全去过了，欧美和大洋洲也都考察完了，学生书包还是那么重，作业还是那么多，效率还是那么低，口号还是那么多，奈何？

想说的话也只有一句：大家少吹牛，做点该做的事吧。

13. 一切为了学生

有记者就教育敏感问题来采访，见我婉拒，就发了点感慨，说几次采访都不顺利，请老师体谅记者工作的苦处。我不同意她的说法。我认为许多记者根本不懂教育的意义，在他们的眼中，教育仅仅是一种行业。他们总是不顾学生的成长需要，也不愿意去了解学生的心理。最不能容忍的，是他们往往只顾新闻效应，对学生的精神成长甚或生命不负责任。这位记者说，报社总编辑曾让她去省招办通过关系把全省重点中学高考排名情况搞来，准备在报上刊登。老总说，做一回独家新闻，肯定有轰动效应。我对记者说，你们的报纸有话语霸权，也有很多方便，然而没有文化精神，缺乏新闻道德，比如以你家总编的这个“金点子”，他就不配称“报人”。——教育改革遇到的困难，有很多就是这些不负责任的传媒制造的麻烦。全社会片面追求升学率的风气，和传媒的推波助澜有直接的关系。

离高考仅仅剩下 3 天了，这是高三学生最紧张的时候，教师知道这几天学生最需要的是心理平静。学生在此时有任何困难，我们都全力以赴地去解决。而此时捣乱的往往又是新闻界。有家报纸就在这一天指名道姓地报道说，某校有七八个学生受不了压力，准备“临阵脱逃”。——这种耸人听闻的消息立刻传遍全市。它会带来什么样的后果，记者不管。他认为他得到的是新闻，至于会给考生造成什么样的心理压力，根本不在他的心上。我得知这个消息后对一位记者说，一个不懂教育、缺乏人性的新闻记者，他的作用和杀人犯差不多。

记者不解我为什么要用这样的语言。我说，在教育问题上，没有小事，一切都关乎下一代的成长。一些被认为是微不足道的事，在学校里有可能诱发难以想象的后果。我举一个例子。某次我们在对一本论文专辑作最后校对时，发现一位学生有部分内容是抄袭的（在这里不具体说了），如果在平时，我们会抽去这篇文章，同时会对学生进行适当的教育。可是这一次情况不同，因为此时距高考仅有四五十天，而该生本人也看过这份校样了。如果采取行动，有可能强烈刺激这位学生，使她的事暴露在全年级面前，影响她的高考，从而影响她的未来。但是如果照原计划编发这本专辑，我们将承担编辑责任。在这种情况下，我们决定不撤下这篇文章——尽管我们会因此而遭受非议，但是一个孩子能比较顺利地通过人生关口，进入高校学习，能在以后的学习阶段改正缺点，这样做是“合算”的。为了保护一个孩子，教师就这样做出了牺牲。现在每天看各类报纸，都会发现一些不符合教育教学原则的新闻，也许编辑记者会说“这些新闻没有违法”、“读者或观众有权知道”，但是它完全有可能给教育造成极大的伤害，我认为传媒要更多地想到青少年的成长，无论如何不要以那些堂皇的理由去做有损于学生心灵的事。文明国家的许多法规，都注重对青少年成长的保护，对新闻媒体做出比较多的限制。

教育上没有小事。校园里发生的一切都可能成为实际的教育行为。教师直接和学生接触，事无巨细，都可能是榜样，行政部门在教育管理上的做法，也会成为实际教育内容，因而不可不慎。有中学校长介绍，他们的校名是请本省一位书法家题写的，每个字八千元，花了十多万元，至今老师们一说起这件事就骂，既骂书法家心黑，也骂校长糟蹋公款（我觉得骂未必有效果，关键是能不能在公款被糟蹋前就骂倒校长的决定）。本来是为了让校园有点文化气氛的，不曾想现在一提到这十几个字，便是一片埋怨。更糟糕的是每届学生一进校就知道这十几个字的价钱，学生对书法家的拼命搞钱极为不屑，他并不认为“知识就是力量”、“知识改变命运”、“知识就是财富”，以他的年龄和认识水平，甚至会对传统文化做出消极判断，认为那不过是一种落后的文化，他也可能对公款使用产生一种错误判断，认为那是可以随便一下的东西。也有与此相反的例子。某省教育大厦落成，征集无偿题名，最后中选的是一位小学生的字。又有中央级大报，从报名，到报社的招牌、信封信笺，选用的都是一位小学四年级学生的字。两相比较，孰优孰劣，不言自明。我不知道那些花十几万元去买字的校长眼睛里为什么没有学生？

学校对学生实施教育，课堂仅仅是一部分。学生在校的全部活动，都可能是接受教育的过程。有学生在作文中写自己的经历，说为了一份证明，先后跑了学校的三四个处室，向五六位教师问好，打听手续，只有一位教师回答“你好”，其他人“各忙各的，各玩各的，各说各的”，让她感到作为一个学生的卑微。有学生议论：在食堂，同样花 5 元钱，教师的饭菜比他多，学校干部的饭菜是既多又好，吃不完，竟然还倒掉。——我们的学生，在他少年的时候，就在学校中目睹缺乏尊重、缺乏平等、近于野蛮的种种现象，这对他的成长、对他一生的价值观，会造成多大的负面影响！

14. 教育无小事

有些学生是被教师娇宠坏的。可能是我的要求高了。有一段时间，经常有家长议论我“小题大做”，也有教师或干部认为“有些事不能太认真，毕竟是中学生嘛”。什么事呢？作弊，撕图书馆的杂志，殴打同学。

教育上没有小事。我从不认为那些是小事，我也不明白为什么会有那么多人认为那些行为是小事。有一次，处理一个作弊的高二学生。问他：“你是几岁知道不准作弊的？”回答说：“7 岁，上小学一年级的时候。”“那么，现在你 17 岁，也就是说 10 年来你对这件事没有什么认识，是吗？”学生说，他从小学到现在经常作弊，即使被发现了，也没有人说他。可以说，他一直在作弊的环境中长到了 17 岁。有个学生撕图书馆的书刊，在一年时间里，他已经记不得撕过多少本，“只要想看，或者以后会有用，我都撕下来”。同座发现后勇敢地举报了他。学校对该生通报批评，家长则认为“撕点纸头也要处理，学校不讲理”。在毕业时，该家长把学校的被褥夹带在行李中运回老家，让我代他赔钱，算是补偿。又有高中生打同学一个耳光，我正告他的家长：这是性质极其严重的错误。该生的母亲说：“怪我们不好，请老师原谅，有什么问题对我们说，这孩子从小就喜欢打人，打惯了。”——值得一提的是孩子父亲竟是某校校长。

我们中国，这样的事会被认为是“小事”。

改革开放，大批学子负笈海外，但据说中国留学生的粗俗无礼和自私自利很让人不齿。十几年前，一位学生从美国归来，说有些事虽然自己没干过，但经常因此遭遇尴尬。比如系里组织去其他州的大学交流，把公家的加油卡交给学生，几个中国学生拿到后立即把自己的车开到加油站加满，回家吸出来再去加……系里的秘书怎么也不明白：一辆面包车一天之内怎么会耗了这么多的汽油！中国学生带往外国的学习成绩有时会被怀疑，因为国内各行各业作弊的名声早已传遍世界。

不讲诚信，没有公平，毁掉了一代人的理想，“我死之后任凭天塌地陷洪水滔天”的个人中心价值观在青少年中颇有市场。北京某大学有一硕士想去日本读博士，缠住她的导师，请其向日本一大学推荐。导师经不起她一磨再磨，一念之差，替她写了信。日本这所大学的录取名单早已定好，收到中国学者的推荐信，有点为难，但是出于友好和信任，就把该生的名字换了上去。岂知小女生心机颇足，此前早已三箭齐发，等日本名校的通知寄到，她已另栖高枝，从此杳如黄鹤，让她的导师在海外同行面前声名扫地。——她就这样置导师的信誉于不顾，置学校的声誉于不顾。这样的人，心中除了自己，还有谁呢？

老教师说，有的学生毕业多年，从来不回学校看望一下老师。可是只要一旦回来，十有八九是有所请托，不是为招生找路子，就是为上司请家教。人与人的情感很脆弱，教师与学生的情感本不该是这样的，但是竟然也这样了，念此岂能不伤感！

教育事关人格修养，所以校园里面无小事，人格尊严往往就在细微处体现出来。近年每谈及这个话题，都有不少同行诉说类似的伤感故事。教育界早就不是世外桃源，如果不正视这样的状况，不尽早反思我们的工作，在某个时候，有可能引发比“文革”更糟糕的局面。

15. 越辩越不明

中国五千年文明史，辩论不知道能占多大的位置。把一本《战国策》读完，想到这是中华民族的“嘴史”或“嘴功实录”，它是一个曾经存在过的阶层的实用的教科书。战国时期社会文化、经济、军事诸方面大有发展，但是国家的政治外交水平并不高，这就给策士阶层以极大的活动空间。策士为谋生而周游四方，绝大多数策士从私利出发，行无准则，言无真理。刘向认为：“战国之时，君德浅薄，为之谋策者，不得不因势而为资，据时而为画。故其谋扶急持倾，为一切之权，虽不可以临国教化，兵革救急之势也。”（《〈战国策〉书录》）其实用目的是相当明显的。

《战国策》是不朽的论辩术和官场指南。面对两千多年前的世象，我们不得不感慨历史的惊人相似；但不同的是，战国时代东奔西走栉风沐雨的策士，现在多已端坐于庙堂之内。现代官僚（或幕僚）应当感激社会的进步，虽然他们现在已经异化，苦难不再，文采褪色，但做派不减，风骨依旧，滑头哲学仍旧大有市场，奸商眼光空前犀利，能看到政客微笑的已经不是帷幄内的王侯将相，而是大庭广众。一部《战国策》，好就好在不假仁假义，实实在在地教人练嘴干禄，比今世的假道学要实惠得多。

所以我对学生说，真要想练嘴功，多读读《战国策》，不要去看什么“亚洲大专辩论赛”。我对把论辩弄成比赛极为不解，看到介绍“舌战”方略，有教授指导、仪态训练、模拟演练，等等，就觉得这是文化层次不高的表演。我一直反对中学生搞辩论赛，不主张他们模仿“大专辩论赛”，不完全因为那类论辩题都是简单的二元对立，而是因为那类辩论并非“不得已”，纯属“好辩”。从小把青少年训练得油嘴滑舌，有什么好处？

我记得以前的教训。

“文革”前在中学时，学校也搞教学改革，上政治课经常组织讨论，题目都有点怪，要是换到现在，学生非一哄而起闹罢课。比如政治课上有这么一道讨论题：有人拉板车上坡，你见了怎么办？大家说：“上去帮着推。”老师说：“那拉板车的是四类分子，你也帮？”学生说：“不帮。”老师说：“可是这与发扬革命的人道主义不相符。”学生说：“还是帮吧！”老师说：“但是这又有点不利于他的改造……”就这样，让学生无所适从，折腾到头发昏。但老师说：“真理越辩越明。”

某次有位首长也来助兴。那天的题目是：你不会游泳，见有人落水了，你是否下水去救他？学生回答：“救。”“这岂不是无谓的牺牲吗？”学生说：“那我只好看着他淹死了。”“这符合毛泽东时代青年的品德要求吗？”学生想了想说：“我去找船。”“周围没有船。”学生说：“我去喊人。”“周围没有村庄。”学生问：“我可以有根绳子吗？”“你什么也没有！”……我参加了那次讨论，起先还在想方设法，想从理论上把那个精神不正常，跑到这个没人烟的地方又掉到水里的可怜的家伙救起来，后来发现非但没法救他，自己也走投无路了。首长则不时微笑着雪上加霜，加进一些诸如“水很深”、“他已经快沉下去了”的刻薄条件。我看到他的微笑，想到只有设计问题的人，才有可能知道答案，于是恭敬地说：“× 长，我们年轻，没见过什么世面，实在是想不出办法了，还是请您教教我们吧！”大家便鼓掌欢迎，因为那可怜的家伙“就要完全沉下去了”。首长神情不自然，慌忙站起来说：“大家讨论得非常热烈！非常好！非常好！”说罢同老师握握手，赶紧转身走了。

后来“文革”爆发，我第一次看到他被揪上台接受胡批乱斗时，忽然想起“请君入瓮”的故事——他播下过种子，他这是在收获呀！

不要宽容那些以愚弄别人为能事的人，因为他们不仅仅是在捉弄人，而且亵渎了人世间的善良。

16. 王侯将相宁有种乎！

有调查表明，美国孩子的理想中，想做总统的很多，而中国的孩子，从小就知道“当干部好”。小孩子越学越精，从小就知道弄权的小把戏。小学生少先队的中队委或班长班委，也像是无师自通似的以权谋私。曾有报纸报道，北京某小学一个班70%的小学生都说得向班长班委行贿，否则会遭到小干部的报复。小学教师也利用孩子的这种心态，在班上搞权力平衡：让小姑娘做“第三组女生小组副组长”，让小男孩做“负责整理扫帚的组长”，提拔有进步的同学担任“负责收语文二号作业本的小组长”……因人设事，让人人都有一点“权”，人人都享受一点整人的乐趣。那么，当小干部有什么好处呢？有个孩子的回答是“要他们都听我的”。有了权，可以管别人，孩子们有了自豪和幸福感，睡到半夜，还会起来看看自己的袖章和臂章。

办公楼常有小学生来玩，孩子们活泼，总是在笑闹。留心看，会发现许多有趣的事。比如，虽然在一起玩，相互的阵线意识、“阶层”意识还是有的。谁和谁不对劲，属于哪个“圈子”，头儿是谁，各人在游戏中扮演什么地位的人物等，都有一定的讲究。有个二年级女孩衣袖上别了个袖章，问她担任什么重要职务，她说是“保洁员”。女孩像是孩子头儿，使我意识到这“保洁员”在班上可能也是个有地位的人物，不敢挫伤她的神威，问她其他孩子有没有职务，女孩说：“他们是‘副保洁员’。”——我不禁对小学教师佩服得五体投地：她就这么轻而易举地把“保洁员”也变成自恃重要的“官”；不但变成官，还有资格配副手；并且让副手也有“扶正”的机会，使他们也懂得服从，卖命地干……女孩的母亲说，小姑娘后来发现自己不过是个“扫地的”后，便不再佩袖章了。

有小学生说过：不怕班主任，就怕小组长。因为教师管全班，往往鞭长莫及，而小组长对付10个人绰绰有余。不仅如此，因为同是学生，深知学生叛逆的门门道道，整治起来熟门熟路；如果自己能力有限，则可以向教师打小报告。所以知道这种门径又领教其厉害的人，见到善于计较的小组长，无不闻风丧胆，屁滚尿流，不管组长大人低龄七八岁还是高龄十一二岁，稍有点自由思想的孩子总会被整得死去活来。

几年前，我还多次观察过“路队长”（小学放学时负责带领同路同学回家的学生）搞“整顿”的全过程。不过七八个人的一个小队，在五百米不到的一段距离，这些路队长能五六次地让大家站住，然后像砌墙一样“单眼吊线”，一遍遍地整队。孩子小，道不直，路不平，加上肚子饿，实在不容易走出大阅兵的水平，但是路队长的全部权力，只有在这三五百米的距离上有效，如果不在这段距离上过足瘾，那就得等到晚上了。权力的欲望在怎样地啃啮那幼小的心啊！

王侯将相宁有种乎！——然也。

耳闻目睹这样的现实，不由得想到，我们太缺少平等的教育。我不止一次地听到那些不学无术者公开发出的对权力的向往，他们渴望权力不是为了平等，而是为了感受凌驾于别人之上的威势。我们看历史的演进，总以为日新月异，殊不知今世“人之初”阶段那“人上人”的欲望，似乎也没比秦皇汉武时的草民们开明多少。奈何？

17. 娃娃也敢吹

有教师说起一个奇怪现象，市里开课题研究交流会，几位老先生介绍，出语都比较谨慎，即使课题很有价值，也注意留有余地。而轮到年轻教师和年轻校长介绍，立马气吞山河，搞得像吹牛比赛。会开到第二天，心理承受力差一点的老同志面对少壮派气势，纷纷感到吃不消，“有一种 1958 年的感觉”。

我听了不以为然。其时正应邀当评委，选全国少年文学新星。看了那一包包材料，我们这些当评委的不禁汗颜：我们有什么资格来评人家？你看这些小孩子已经到了什么境界了？——人家 16 岁已经敢自称“有潜力的 21 世纪文学之星”了，人家 15 岁就当选“中国十大 ×× 诗人”了，人家 8 岁就出版了第一本 20 万字的散文集了……一个个从小就成“精”，我们这些凡夫俗子小时候有这样的光鲜吗？孩子材料袋里的一大堆各式证书，多是“名人录”的入选通知，有的已懂得挟权人、名人以自重，在袋子里附上了几十份官员或名人题词的复印件，以及挤在名人身边的合影……

自古以来，娃娃就敢吹。

文信侯吕不韦要张唐去燕国做相国，张唐害怕路过赵国，不敢去。吕不韦很恼火。吕不韦的小门客少庶子甘罗对吕不韦说：“我能让他去。”吕不韦骂他说：“我都不能让他去，你能有什么办法？”甘罗说：“夫项橐生七岁而为孔子师，今臣生十二岁于兹矣。君其试臣，奚以遽言叱也！”甘罗见了张唐，张唐倒没因为他是个小孩子而不理他。甘罗问张唐：“你与白起比，哪个的功劳大？”张唐说不如白起。甘罗说：“范雎想讨伐赵国，白起反对，以白起那样的地位，范雎却在离咸阳七里的地方把他绞死了。现在文信侯要你去燕国，你不肯去，我真不知道你将死在哪里呢！”一番话说得张唐毛骨悚然，当即答应前去燕国。甘罗欲再显一能，向文信侯借车去赵国，小家伙在赵王面前又是一番花言巧语，不但五座城池进了秦国的地盘，还挑动赵国去攻打燕国；赵国攻下燕国三十六县，又交出其中的十分之一给秦国做“好处费”。（《战国策·秦策五》）

于是就有“甘罗十二即为上卿”的故事，这是有史记载的第一位少年干部。这个甘罗，一定是在吕不韦那里当门客时泡坏了的。想来在先秦，社会一定混乱得不得了，十二岁的毛孩子，就厮混在一大群靠嘴功吃饭的人中，学得滑头油气。难能想象，一个毛头小子，周旋于公侯将相之间，出使外国，脸老皮厚，巧舌如簧，恐吓诈骗，无所不能。有才不在年高，看来我们中国真是神童的故乡。现在基层提升干部，50岁以上者不予考虑，理由是“年轻化”，似乎已经很开明，比一比先秦让十二岁的毛孩子料理国家大事，简直让人无地自容了。尽管有“小时了了，大未必佳”的古训，但是我们中国人要赞扬小孩子聪明，一般都是说他特别会说话。《世说新语》中载徐孺子等人幼时睿语，现在看来，水平都属一般。中国人希望孩子伶牙俐齿，也许和战国时靠能说会道混饭混官的风气有关。

大学生则热衷于辩论，开口主义理想，闭口思想道德，却没人去把教室宿舍收拾干净；中学生作文，一个个都会长篇的高谈阔论，与干部作大报告没有差别，但是见到教师不会问好……

有资深教授见怪不怪，说，现在杏坛也兴吹牛。系里评教学骨干，让自报者述职，每人10分钟。这些30岁左右的青年教师在10分钟内口若悬河，滔滔不绝，一个个似乎都炉火纯青、学贯中西、内引外联（指国内有人邀，国外有人请），填补了那么多的“空白”……得知后生们都到了这种境界，坐在一边恭听的上了年纪的老教授们一个个也只有脸红：以后还有什么脸面再去做人家的“导师”？

大家都冷静地细细一想，这些事倒也真没有什么可怪的。本来就该一代胜过一代，否则就进步不了，况且你不能要求每个人都如自己一样谦虚（如果你是真谦虚的话）。以前有“评功摆好”，现在有“自我推销”，意思差距并不大。所不同的，是吹牛日趋“年轻化”。

18. 冷寂的顾宅

到处都很容易见到“爱国主义基地”，有的地方，一面墙上能挂上五六十面这样的铜牌，可谓铜墙铁壁。但是顾炎武故居前却很冷清，令我意外。

去昆山开会，顺便游周庄。周庄已经有点像集贸市场。七八年前过周庄，记忆犹新，但是此番一进周庄，恍若隔世：小街两边，小店铺排得密不透风，走在其中，不断被店主招呼，有一种被逼视的压抑感；更兼游人如织，排着队在街上走，如王府井一般热闹，水乡风情不再。上回到周庄，印象是一个灵秀的所在，此番像是不由分说一下子被扔在商海里一样，喘不过气来。

离开周庄，没有留恋。这些年所到之处，商气甚炽，也怪不了谁；只庆幸先前来过，心底留下的是几幅静物般的水墨画。朋友说，我们还是去看看顾炎武故居吧，于是几个人驱车赶到了千灯镇。千灯也是水乡古镇，据说历史比周庄更久，但是保护得不够好。千灯人能引以为豪的是这里有顾炎武故居和他的墓冢。顾炎武的事迹，我知道的不算多，但是从小就记得“天下兴亡，匹夫有责”。他为反清奔波，离开故乡后，一直住在北方。作为学人，他也极为关心民生，曾千方百计地想把江南比较先进的生产经验介绍到北方。他思想开明，有人还说他在山西开过票号（即钱庄）。他不仅认为自己“有责”，而且一生实践，既不是为了朝廷的表扬，也不是为了百姓的拥戴，更不图一官半职。这是一个真正忧国忧民的人，所以他一定是寂寞的。他喊出“匹夫有责”时，不独统治者会嫌他多嘴，民间也会有“肉食者谋之，又何间焉”的埋怨。他是那种“进亦忧，退亦忧”的人物，直到生命的尽头，“苍龙日暮还行雨，老树春深更著花”，这样的人格，应当为中华民族万世景仰。

就这么想着，走到了顾炎武故居，没想到双休日的中午，作为一个知名的“景点”，竟然是铁将军把门！冷清的小街上没有什么人，也无从打听是什么原因，街边的一位老太婆说，平时就没有什么人来，一天卖不出几张门票，职工的工钱都成问题了。看这种情形，估计不会是乱说。朋友托人去找管钥匙的人，几经周折，空手而回。我站在故居之外，怅然久之。我再也没想到在人们引以为傲的“盛世”，顾炎武故居门前如此冷落！周庄的万头攒动，朱轮华毂，与此形成鲜明的对照，想到这里心头一阵悲凉。

如果我们的学生有发思古之幽情的文化格调，能在这里读懂心忧天下的贤士之心，在这里想到要读万卷书行万里路，其作用和坐在课堂做试卷不可同日而语。

回想到过的旅游胜地，当地都以各界名流履痕为荣，或题词，或留影，或有所称赞，都广为宣传，转而变为巨大的商机。面对顾炎武故居的冷清，我不禁想到，如果有一位传媒疯狂跟踪的明星自幼私心仰慕顾炎武，或是忽然悟到不能不看顾炎武故居，或是值逢顾炎武诞辰几百几十周年，于时感慨地说上一番话，又有媒体大事张扬，终于使有关方面认识到这里是真正“爱国主义教育基地”所在,有可能就此掀起开展“向顾炎武学习”的活动，一时间，天南海北的同志们都会自觉地来到顾炎武的故居，参观学习，顾宅也如沈万三厅堂门前一样车水马龙，游人如海，千灯镇也随着顾炎武名闻天下……

转而一想：这符合顾炎武的人格愿望吗？我立刻疑心这种设想的合理性。我们觉得不公的事，其实也许正是历史的一种必然，否则中国史就不会写成这样了。顾炎武是寂寞的贤人，以他的胸襟，不会在意门可罗雀还是门庭若市，虽然他的门前长久地冷落。他的心，在布衣的冷暖，而不在权贵的炎凉。据说顾炎武故居里面有几株古槐,立于古槐下,想其人发出“天下兴亡，匹夫有责”的感喟，定当有新的感怀。惜不得入，遂有此文。

第四辑

往高处飞！

1. 思想者

有个外国故事耐人寻味。父亲让孩子餐前祈祷，5 岁的孩子问父亲：“为什么上帝的模样长得和我们一样？他也有嘴巴，他会吃饭吗？”父亲觉得应当回答“是的”。可是孩子的第二个问题是：“既然吃饭，他一定也吃到肚子里去了，也就是说他也有肠子，对吗？”父亲想了一想，觉得应当承认上帝有肠子，于是说：“有的。”孩子又问：“既然有肠子，那就不可能没有屁眼，对吗？”父亲很惶恐，但是只好承认“上帝有屁眼”。孩子说：“我懂了，上帝和我们一样，也会拉屎，会放屁。”——真可谓童言无忌，这个小孩子就这样简单地推论出“上帝和我们一样”，奇怪的是没有一个成人敢这样去想！

一个人如果没有独立的思想，不管他读过多少书，不管他的地位有多高，也不管他在这个世界上活了多少年，他的智商实在不如这个 5 岁的孩子。

思想者——多么让人崇敬的称号！每个健全的人都有可能成为思想者，因为上苍公平地给了我们大脑，赋予我们感知的器官。然而总是只有很少的人能成为真正的思想者，因为大多数人没能从精神上获得解放，不知道自己可以站立起来。匍匐着的人总是认为自己应当卑微，如果他有思想，他站了起来，就会发现太阳每天是从自己脚下升起来的。“独立之精神，自由之思想”，应当是知识分子的必备要素！

思想者往往是寂寞甚至痛苦的，因为“独上高楼，望尽天涯路”，因为他要挣脱“瞒与骗”的禁锢，这种追索的意识会使他领先于时代的潮流，他的思想会像荒原上传来的第一声嚎叫，使大部分习于常规的人不寒而栗。

作为青年公民，应当考虑一些大事、研究一些大问题。多读书，多思考，才能有所发现，培养自己独立思考问题的能力。不要人云亦云，不要盲从，不要让自己的脑袋成为别人的跑马场。一个高中学生，只有当他有“思想”的意识之时，只有当他具有理性的批判与怀疑精神时，他才会有充实的内心，才会有对探索的热爱，他才能始终充满活力，他才会真正认识到世界的美妙。

想一想：你为什么会喜欢一篇文章，可能是因为它表现出的美，可能是因为它的思想内涵。你会喜欢看一篇没有思想的文章吗？你希望自己的文章没有思想吗？

想一想：你是否能经常地变换自己的思路，尝试着用不同的方法解决问题？你是否养成了思虑周密的习惯？你是否具备冷静地观察与思考的习惯？什么时候，你说出了第一个有价值的“我认为”？当有人用先贤的话教导你的时候，当有人用师长的话训诲你的时候，你有没有过一些叛逆的想法？当你对某件事或某种说法产生怀疑的时候，你敢不敢发表自己的真实见解？

当你写文章的时候，有没有想过：如果你的文章中没有个人观点，如果你的文章对什么问题都不敢评论，如果你的文章把前人、伟人与师长的话都奉若金科玉律，对灌输给你的任何东西都“坚信不疑”，只学会了喊口号，只学会了大段地抄写别人的话，那么——你是在写文章吗？想想那个 5 岁的孩子吧！

2. 往高处飞！

看了你寄来的文章，感觉很好。在高三学生当中，能像你这样多读精思的太少了。你说，读文学书不但没有影响学科学习，而且漾起了生活的激情，使你能以一种超然的胸襟看人生之苦，比一般人更能认识到生活之美。难得你对各科学习都很重视，谈到学习追求，你用了一个很好的词——“厚实”，这是我特别感兴趣的。老师多年苦口婆心地劝你们读一些书，为人生“打好精神底子”，“打好知识底子”，就是这个意思。可是在功利的应试教育面前，我们的呼喊声一天天地弱下去了。

你的信中有一点略略使我不安，这就是你列举文章获奖情况，并对最近某刊的作文大赛有所非议，因为那次大赛你只得了个“三等奖”。你似乎认为评委没有认真地读你的文章，以致明珠暗投，转而抨击评委观念保守，眼界狭窄，乃至于怀疑他们有没有当评委的资格。——看到这儿，我便又觉得你还不够超然，还谈不上什么“胸襟”和“气度”。读了那么多经典作品，你应当比一般人更理解写作的真谛。对一个十八岁的人而言，写作已经是一种精神活动。你有生活的感悟，你的思想在自由地飞翔，这是一种“主动写作”，是你在自由状态下的精神活动，你把这些写出来，你就获得了一种精神愉悦，所以你能写得很轻松。可是我没想到你每年要参加那么多的竞赛，你的理由竟然是“为了证明自己”，无怪你的写作水平会随着情绪而起落。

依我私见，为当作家而写作，那是对写作的误解。而且，写作一旦浸染了功利的成分，也就不会有什么大出息。有杂志主编痛言，在名利诱惑下，为了文章能发表，为了获奖，有些作者小小年纪就没有了人格自尊！我也参加过几次评选，看着材料袋中那些交“报名费”、“评审费”得来的五花八门的“获奖证书”和“入选通知”、“记者证”，在感叹生意人的精明的同时，也对少年学生不加掩饰的名利观感到寒心。而有的学校为了显示教学业绩，也不惜代价，在评选中弄虚作假；竞赛主办单位为了报刊的销路，则按订数分配获奖名额……

这种有功利目标的写作，对有理想的学生而言，可能是一种毁灭。最近得知这样一件事：一次偶然的机会，有位高三同学的文学论文引起了高校教授们的注意，评价极高，认为人才难得，随即有多家报刊记者来访，但是这位同学拒绝了一切采访，他冷眼看待不虞之誉，厌恶各种形式的炒作，只说“要保持良好的读书心境”。——我想，这也许是真正的“超然与大度”。所以，一个真正热爱文学、热爱写作的人，不可在意名利得失，一定要往高处飞。如果眼睛紧盯住那个“一等奖”，你就飞不高了。普希金在《致诗人》中这样唱道：“你要随着自由的心灵的指引，／沿着自由之路前进，／结成那可爱的思想的果实，／不要为你高贵的功绩取任何褒赏。”——他只顾振翅高飞，所以他是普希金。

3. 要铸造健全的人格

有教师称赞一学生为出类拔萃之辈，有例为证：某次考数学之前，该生亲戚找到学校，告诉她，她的父亲在半小时前因脑溢血突然去世了。该生痛哭起来。这时候教师来了，先埋怨该生亲戚不该在考试之前把这种消息告诉孩子，“因为这样她会考不好”；然后鼓励学生“放下思想包袱”。结果这位学生便没有即刻去医院向父亲告别，而是参加了考试。“结果她取得了 85 分。如果不告诉她，肯定 100 分！”教师惋惜地说。

我到现在也没能理解这件事，我想不明白，也说不明白，为什么竟会有这样的“佳话”，为什么学校里还在培养这样的学生。我为这样的事感到耻辱。

这位学生在考场上解她的数学题时，她的父亲刚刚告别人世几十分钟，她在骤然失去亲人的情况下，仍然能安然地去争取一个 85 分，而她的教师也可以这样把一次考试看得比与亲人的告别更重要，这是多么可悲可叹的事！这岂不也该写入《儒林外史》了吗？

《儒林外史》第二十五回中，那个做了三十七年秀才而未及第的倪霜峰，竟先后卖掉了自己的四个儿子；实龄五十四岁，考了二十多次秀才的“童生”范进，在科场上百折不回，考试回家，“家里已饿了两三天”，老娘说“我已是两眼饿得看不见了”。读书读得四体不勤五谷不分，读书读得家破人亡衣食不继，这是旧时代读书人的可怜可叹之处。但读书读到六亲不认，教师和学生都把考试分数看得高于一切，悠悠万事，唯此为大，那么，其后果就远远不是一个“高分低能”所能概括得了的了。旧时代，做官的人还有“丁忧”、“丁艰”那一套，读书人还得讲一个“孝道”，如今是不是一切都可以不要了？

也常常听到教师的先进事迹，他们为了学生的高考，如何把自己没满月的宝宝丢给别人带，毅然地上班；为了不少上一节课，如何没有赶上为老人送终；为了解决一个学生的思想问题，晚上如何把五六岁的孩子一个人关在家中，等等。这些教师，自以为这样做是壮烈牺牲、慷慨赴难，殊不知他们这样做也是一种忘恩负义，也是缺乏人性的表现。宣传这样的人和事，就是对青少年进行反人道、反人性的教育。

教师应当培养学生懂得爱，懂得善良，教师自己必须有爱和善良的情感。培养这样的情感，未必需要很高的物质基础。我们在自诩为礼义之邦时，不能以为那只是“君君臣臣”一类的政治纲常，更应当注意到的是人与人的关系，“父慈子孝”、“兄友弟恭”怎么就不是礼义呢？教育培养的应该是健全的人，一个人格不健全的人，即使他有一个极高的“分数”，对社会对家庭而言，完全可能是一个废物。

1987 年，我因撰文主张重视情感教育，主张“把人道主义写在我们教育的旗帜上”而获咎，当时有“运动家”如获至宝，严词批判，上纲上线，整起人来轻车熟路，心狠手辣，所幸只过了三五个月就灰飞烟灭。十几年过去，这些拒绝人间温情，主张残酷斗争的“铁血知识分子”正因老病而感寂寞，因门前冷落而寂寞，因教育观念落后而寂寞，因儿女感情淡薄而感寂寞……所以想到，有些问题，本不需要讨论，如果大家都能有独立人格和健全的情感的话。

4. 想起范熊熊

翻到20多年前的一本笔记，有一页记的是范熊熊事略，重看之后百感交集。次日与几位青年教师聊天，问："你们知道范熊熊吗？"几位青年朋友面面相觑，问："谁是范熊熊？这人是干什么的？"——如我所料，今天20多岁的人肯定不知道她。因为说起她的死，会让社会感到难堪。宣传她，比宣传捍卫真理而死的张志新还要困难，可是今天的青年应当记住这位20多年前为抗议腐败风气蹈海而死的女子。

范熊熊是宁波海洋渔业公司镇海渔业基地的青年职工，1979年10月，她发现招工中的"不正之风"，写信向上级党组织反映，结果石沉大海，共产党员范熊熊愤而投海自杀，以死相谏。1980年7月，范熊熊投海死谏的新闻见诸报端，记得曾有一批人撰文"引导"青年：要相信党，要相信未来，不能感情用事；爱护党的荣誉是好的，党有缺点错误，一定会改正，青年不应悲观云云。

记得当时我脑海里出现过陈天华和续范亭的形象。正当青春的范熊熊，一定是彻底绝望才走上绝路的。当时"文革"结束，很多人好不容易熬了过来，对美好的远景充满憧憬，对生活充满了激情，像陷入沼泽里的人看到了路，饱受漂泊之苦的人上了岸。可是这也是一个人的希望最容易破灭的时候。如果他发现盼来的仍旧是污秽，是腐败和堕落，是无耻与贪婪，洁白的思想依旧被玷污，善良的愿望依旧被践踏，人民的血泪没有换来政治教训，代之而起的是肆无忌惮的对法纪的践踏，等等，他完全可能会一下子走向毁灭。——20多年前，一个青年为了她的理想不再被玷污，想以她的一死警醒世人，以为这是进谏的最后方式。可惜她想错了。

恕我孤陋，为反对腐败而自杀，范熊熊以后鲜有所闻。本来，在一个有羞耻感的社会，懂得“没有脸活在世上”毕竟是让人有一丝安慰的，可是如今，何曾听说有人因羞愧而死？有信仰的范熊熊投海而死，玷污信仰的贪官污吏活得胆大开心，谁也不能想象他们会自杀。

现在常听到的是农村女孩不肯当“三陪”而跳楼，这是当代中国层出不穷的故事经典；也有“宁屈而死”的，在一些地方有农民因交不起“税费”而自杀。这类事使我们尴尬。北京的那个贪官王宝森还知道“畏罪”而自杀。与此前所有的运动都不同，自杀的人少了，一方面可以说明如今是法治社会，人有活着的信心；另一方面，是廉耻之心淡漠，不肯死了；也许还有一个原因，就是法网并不像该死的人害怕的那样严密，贪污个几百万元，只要有“重大立功表现”就可以免死，即使无功可立，也可以“缓”，甚至还可以把几百万上千万定成“说不清来源”，只要关上十年八年，赖着活下去，照样在世上混。范熊熊不死，目睹这一切，会为自己的幼稚而叹息，如按她当年的心理承受限度，现实状况该造就多少豪侠与烈女？

今天的人可能不大会有范熊熊那样的选择了。固然，范熊熊为了理想而结束生命，让人看到当代中国还有陈天华，也就是说，还有“人”，这就不应悲观。有的人用生命去抗议，有的人用笔去战斗。当然，也可以沉默。用 25 年时间看一出戏一直看到塌台，固然可以证明个人预见正确，代价却是民族道德的沦丧。

渔父摇着小船，唱着歌远去了。举世混浊，为什么不随波逐流呢？大家都在醉生梦死，你干吗不去分一杯羹呢？何故曳尾泥中，孜孜以求呢？——有人在光天化日下疑惑地发问。头脑过于清醒，有自己的思想，爱惜自己的人格，反而不见容于世，这是一个人的悲剧呢，还是一个时代的悲剧？

5. 我不喜欢你的世故

做教师的，总是说喜欢学生，可是我得对你说真话：我不喜欢你。

我早就不喜欢你了。

而且从你进校起我就不喜欢你。

因为我不能忍受，一个学生身上有挥之不去的市侩气。在入学的第一个星期，你竟然向同学炫耀你假期中的“豪华游”，你竟然用庸俗的语言对女教师评头论足。从那时候我就有一种恐惧，同时也有一种厌恶。我感到恐惧是因为即使是“文革”中，也很难见到这样放肆无礼的学生，我厌恶的则是你的身上没有学生气。无知并不可怕，庸俗则无药可救。接下去的一年，同学们都觉得你太会拍马屁，用他们的话说，班主任被你“玩得团团转”。在不太长的时间内，你能让班主任相信你，虽然你有一些劣迹，但是没有人敢去向班主任汇报，因为她只相信你。你能直接和校长对话，对学校工作提“建设性的意见”，校长正要借此为“政绩”，从此你就成了校长各种汇报中的“材料”。你总是能迎合宣传需要，起草决心书，在年级、在全校发倡议，你成了社会活动家。

你的老师把你的行状告诉我，认为我有办法说服你，说实话，我不抱什么希望。那一天你出校门时不下车，并对门卫出言不逊，大家制止你的放肆，你态度粗暴；我指出了你的违纪，你不以为然；事后是班主任压迫你来道歉的，其实你根本没有认识错误。——在你的眼里，只有对你“有用”的教师，你才会表示敬畏，虽然那也是假的。你从来不屑于谈底层的事，这也是你总是对门房师傅、炊事员和民工恶语相向的原因。你对那次事件的解释是“大行不顾细谨，大礼不辞小让”，我估计你读到《鸿门宴》，看到樊哙这句话时，是很兴奋的。这句话本是缺乏教养的樊哙为了消除同样缺乏教养的刘邦的自卑感而说的，没想到你那么偏爱。

你是被宠坏了的。先前，你的“本钱”是成绩不错，校长以你为荣，班主任拿你无可奈何，女生中有你的崇拜者，家长到处吹嘘你是“神童”。但是你首先失去的是同学，因为他们看清了你。我知道，在这所学校里你并不把什么人放在眼中，你不懂得尊重别人，你缺乏平等意识。但是，在校长面前，你总是笑得有点谄媚，在班主任面前，你会讨好，因为你知道，到了高三，“保送”的资格还需要他们签章盖印。

更让人厌恶的，是你一直在向同学传授你的那本“人生正经”，你这么小的年纪就知道要当两面派，知道要左右逢源，知道要察言观色，知道要“巧干”，一个十八岁的人，竟比他的老师世故，这才是可怕的！

我对你暗示了不少次，身上的俗气不去掉，早晚会被周围的人抛弃。因为你现在还是学生，一旦走上社会，人与人之间有了利害冲突，你就有可能成为危害别人的人，轻则搅得别人没有办法正常做事，重则会对同事朋友下毒手。不过我现在还是想告诉你，有些事是很可笑的，只是你不知道。比如，年轻人在老年人面前世故，还认为老年人看不出来，这就很可悲，当然也很可笑。

我们可以容忍青年的幼稚，但是我估计没有人会喜欢一个青年的滑头。

一个人在青年时代，他的骨头要是出问题的话，他很可能一生都站不直。真可惜啊！

6. 致一个所谓的“另类”

你问我为什么不再说学校是“净土”了。我没法说，你比我年轻近40岁，我们是两代人，两代人能在一起说说话也就不错了，每代人都有自己的梦，没必要放在一起比。我们的价值判断本不该有太大的距离，但是我们真的很难说到一起了。

你在高中生中可以算有思想的人。加上善于言辞，被你迷住的人不少。只是我认为，那些人一旦了解了你，只怕会一一离你而去。

你有正义的冲动。你经常地表现出义愤，你对社会问题的见解常常体现出主流意识。你说学校招生很黑，你进这所学校，除了正常学费，还托了不少人情，而那些接受了你父母血汗钱的人，有的竟然是被同学们尊敬的学校领导和知名教师。你说除了学校池塘里的荷花和金鱼，没有一样是干净的。后来你又说，学校买荷花的人拿了公司的回扣，花了五千条鱼的钱，只买回了五百条，因此看到荷花和鱼，你就想到索贿行贿，自此再也看不出有什么高洁、可爱……

你敢表达自己的意见。你在上课时听到老师说几句不得已的话也动怒，根本不管教师的处境，认为他们应当把真实情况说出来，不该照教科书内容演绎。教师对你说：“我要是这样说，就不能当教师了。”你说，宁可饿死，也不能媚俗。教师只能摇头叹息。然而在更多的场合，你的价值观却又庸俗不堪。因此我认为你简直没有理智的判断标准。

你说不作弊吃亏。眼睛一睁，便到处看到作弊：学校为了评上重点，为了评上文明学校，成天弄虚作假；教师为了评职称，也敢无中生有地编造成绩，安排学生统一口径；在机关工作的父亲写总结忙于文过饰非，母亲则说单位里的汇报总是报喜不报忧；卫生检查团到达之前，街上的小商贩便被赶得一干二净，连早点也没法买；报纸电视台上几乎全是虚假广告……你说作弊的同学只要“滑”过去就没事了，我看不见得。他如果就此罢休，只要良知未泯，这个污点就永远跟着他，像影子一样让他难以摆脱；如果他从此把作弊看作天经地义的事，那这次作弊就是他一生作伪的起点，他以后会“越做越大”的。而你却说，有几个污点没关系，“只要混得好就行”。

现在很多人有一种矛盾的心态：一方面对别人、对社会有着过高的道德要求，另一方面，则抱混世态度，认为但凡牵涉到自己的事，都可以不必认真。比如，你在高考填报志愿时不也和别人说过，某校有你的亲戚，如果差几分可以去找关系吗？结果你的确差了 10 多分，却如愿以偿地进了那所学校。我甚至在想，从那一刻起，你的社会批判资格就大大地打了一个折扣。

你对别人的要求高到了苛刻的地步。有同学说你点评年级所有的教师，没有一个如你的意：某老师笑得不雅，某老师走路姿势没风度，某老师作业上的签名字太潦草，某老师曾在一家你不喜欢的饭店吃饭……这些本不需要你过多关注的问题，你过于关注，而且耿耿于怀。可是教师看你，似乎就宽容得多。比如有一年你的穿着有点社会化，不像中学生，为了这件事，班主任和任课教师商量了好几次，想找一个既不伤害你的自尊心又能让你接受的谈话方式。又如，你在和同学交往中侮辱了别人，你不肯道歉，班主任几次给你提供了道歉的机会，你竟强悍地表示“士可杀不可辱”，可是你侮辱他人的时候为什么就没想到这一点呢？

我觉得，表现在你身上的这些矛盾不是小事，从教育意义而言，它体现的也许正是时代病和中国病。

7. 你不该太功利

你说，“高考是我的利益，我的利益大于教改”。你有这样的态度，我知道已经很难说服你了。教师在战斗，而学生摇起了白旗，如是而已。记得去年你作为“优秀学生”接受媒体采访的时候，曾抨击学校不给你们社会实践的机会，叹息“笼中鸟难以飞翔”，你的讲话成为媒体批评学校教学的依据。可是同学指出你说的全是假话，说你是班上最热衷“名次大战”的人物；所有的教师都怕见到你，因为你常常拿着测验试卷找教师闹着要加分。高二时改革教学，增加文学阅读，你第一个反对，理由是“应当尽早进入复习，不能影响高考”；你还说过“坚持‘学好数理化，走遍天下都不怕’，一百年不动摇”……面对以你为代表的一群，有老教师不得不叹息，说再也没想到教改的阻力竟然来自学生。

我不明白：一位青年，他的学习观怎么如此落后保守？想起鲁迅的《药》。康大叔一伙在华老栓茶馆里谈说夏瑜时，那个“二十多岁的人”特别让人感到别扭。我认为鲁迅把他写成“二十多岁”是颇有用意的。可是时代不同了，你们生于改革开放时代，学习观何以也那样陈旧呢？我想也许是因为功利主义作祟。因为功利，所以变得世故，变得庸俗，对同学，对教师，也就缺乏真情实感，也就不再爱护自己的自尊。你的班主任对你已经丧失信心，认为你为人处世过于功利、自私，怀疑是家庭教育层次低。我不了解情况，不能多说，但是我也有点感觉。比如，集体活动，能出风头的事，你会挤在前面，班主任没安排你去，你也会闹一场；听说每次卫生值日你都溜之大吉，对同学漠不关心，但是你却在全班第一个递交入党申请书……

如果你能敞开胸怀容纳，会发现这个世界很大；如果你狭隘，如果你短视，如果你的心里只有自己，如果你太看重利益，你的天地就会很小，你就飞不高，或者没法飞起来。——这是忠告，即使你听不进，也得说。

如果青年一代观念比我们落后，比我们保守，那么这个民族还有什么指望呢?

很多人——包括一些披着知识分子外衣的人，除了金钱和权力，他们没有任何追求，他们不相信人的善良，也不相信人世间有美好，所以他们往往也就缺少对邪恶的距离感。中国文化并不敬畏神，也并不敬畏生命，所以中国人在信仰上过于随便，往往出于求升官、求发财、求长寿、求多子、求平安、求中彩、求祛邪等等而随便宣称皈依，甚至把十字架当装饰品。

人没有信仰，是很可悲的；人的信仰是假的，则很可怕。

8. 你为什么不苦恼

你上大学后给我写过两封信，我都收到了。第一封信你表示了对老师的敬意，第二封信又一次地向老师表示敬意。我没回信，你一定有些疑惑。今天，作为你高中时代的教师，我想把自己的不安告诉你：我本应当在三年中教会你一个好的思维习惯，引领你走进一片辽阔的天地，可是这些我没能做到；虽然你考上了所谓名牌大学，但在我的眼里，你并没有完成高中阶段的学习任务。是的，你很勤奋，你的记忆力超群，看了许多书，兀兀以穷年，甚至从来没有娱乐活动。可是当你们为获得高分进入大学而兴奋时，我的内心竟是一片凄凉和迷惘。说实话，高中三年，我对你的印象并不深，这并不是说你不努力，而是在我的记忆中，你从来没有向我提出一个有价值的问题！

老师教你什么，你就学什么；教科书上没有的内容，你从来不去探究；你总是努力去完成各科教师布置的任务，哪怕那些问题根本没有什么价值；你为许多没有价值的问题花费了全部精力，而现今的考试往往只体现一般要求，因此你总能获得高分。有一次听某同学说，有几门学科的教科书，你几乎能整本背诵，连书的定价也记得一清二楚，我就知道你的脑袋已经装不下其他有价值的东西了。

更使我苦恼的，是你并没有因此而苦恼。我以为你不能忍受这种陈旧落后的学习方式，却没想到你竟然如鱼得水；不但如此，当低年级班主任请你去向学弟学妹介绍经验时，你是那样认真地告诫他们，“要听老师的话，跟着老师走”。——我不明白：你本是个有能力去发现问题的人，为什么却总是把精力耗费在无价值无意义的重复劳动上？你为什么把书本看得那样神圣？为什么那样尊崇教师的每一句话？你自己的脑袋到哪里去了？我同时注意到，当同学在课堂上提出自己的疑问时，你表现得不耐烦；当教师启发学生对课本说法质疑的时候，你无动于衷。你从来不肯读一本课外书，你一心一意只想考高分，你很在意“名次”，千方百计地计算自己每一次测验的班级排名……

犹太民族是智慧的民族，你知道吗，在他们的教育格言中，把只有知识而没有才能的人比喻为“背着很多书本的驴子”！

我希望你能考上大学，却不希望你以这样的状态考上大学，然而你竟然就这样考上了你想去的大学！这是中国教育的喜剧还是悲剧，我不说了，许多事不是个人意志所能左右的。也许在以后的学习中你会发现自己走了弯路，可是到那时你已经失去了很多。有时候，我在悲悯中会有一种困惑：教育究竟是什么？教育就是那种“当时嫌多，后来嫌少；当时认为正确，后来发生怀疑”的事物。我们每每发现教育的弊端，不幸都是在遭受各种各样的损失或是灾难之后。

你是我的学生，可是我没能在有限的时日内引导你接受正确的学习理念，使你缺乏发现与创造的意识，以致在很长的一段时间内无法超越我，我因此感到失职，这也是我长时间没法给你回信的心理原因，我真的很遗憾。

9. 让我喊一声冤

做语文教师，本当是最幸福的，因为我总是一厢情愿地认为语文是最有灵性的学科。有两次，我带高三高考复习，苦不堪言之际，仰天长叹，说："要不是高考，语文本当是中学最有意思的学科。"结果课堂上响起一片掌声。可是近年我不敢说这样的话了，因为对"本当"有所认识，方能鼓掌；如果学了12年语文仍不知"本当"何在，他知道什么叫"有意思"？

的确，当社会对语文教学提出批评的时候，我们不能对他们说"你来试试看"，可是究竟有多少人能深入地了解语文教学的困境呢？

有一次，我让学生读《窦娥冤》中"滚绣球"一节，学生读不出冤愤的感情，我几次指导效果都不太理想，便开个了玩笑，说："如果你们读的时候想到语文高考，忙了一年成绩却倒挂，可能就好一些了。"结果教室里"天也……地也……"、"天地也……"那真是一片冤哭冤喊！——虽然后来大家都笑了，笑过之后，师生默然，后来我再不敢做这样的尝试了。

再过50年，后人如何评价我们的语文教学？最近，我想过这个问题。我也觉得这个问题可能很蠢，会让人以为今天的我们自视过高。走进书店，看到铺天盖地、名目繁多的，足以羞死李白苏轼、难倒鲁迅巴金的语文习题集、练习册，想想一代语文教师就在这样的环境中蚕死丝尽，真觉得当年选择当语文教师是误会。在与同行的交流中，经常可以发现，有些一听到"人文"、"文学"就打瞌睡，一谈到语文高考、升学率就来劲的人，对"课改"、"课标"可以一无所知，但是说到某省某市

第几卷有一新题，能争论得面红耳赤，如嗜痂成癖，如逐臭之夫。

现在的学生也“现实”。有次在高三上古文，为使学生轻松一下，展开讲了几个典故，学生听了觉得有趣，可是有位各门成绩不错的学生提意见，说：“老师，以后与高考无关的事能不能少讲一些？”我知道，这一位的目标是清华北大，可是我从内心里可怜他，仿佛看见一个健壮的人志在乞讨。也许人们不知道，有些高三学生对高考模式是非常拥护的，他们往往希望“越难越好”。论数理化成绩，侪辈无与匹敌，可是论人文素质，与精神白痴无异。他们甚至把语文课作为负担；在他们的眼中，语文教师的任务就是送他高考过关，别无他用。每有同行来访，我最烦的是他们打听语文高考信息。这些同行不远千里，跑到你的面前，求你把莫须有的“高考金箴”无保留地传给他。所以我认为，语文应试教育的最大危害，是把最有灵性的学科变得枯燥无比，是让原本站立的人变成侏儒，教师的教学个性也就在这样的压迫下消磨殆尽。我知道这种消极的情绪与一位教师应有的理想不相称，可是眼看着理想破灭，无力回天，岁月蹉跎，再不让喊几声，岂不是要闷杀？是谁让我们这一代教师蒙受耻辱？我天天都在想。

我理想中的中国语文教育，像一个生龙活虎的汉子，有完美的灵魂，雄健的躯体，而今，我看见的分明是一个失魂落魄、满面烟容的病夫。无休止的争论，语文以外的困扰，无可奈何只能采用“慢性治疗”的现实，让热血也难有奔腾的动力……现在，灵魂虽未死尽，还有几多躯壳未曾染上这种慢性病？虽有知不可为而为之的一群人在呐喊，但是要想从泥淖中拉动沉重的车轮走上正途，谈何容易！只要高考的长鞭当空一响，什么人都得打个寒噤。这些年中，见过不少恃才傲物的教授，卓尔不群的作家，负笈英美的学者，还有那些骂口常开的评论家，在子女高考问题上，他们一个个不得不低下高傲的头颅，战战兢兢，汗不敢出；待到子女高考过后，胜者额手相庆，败者或怒或骂……而一些愤世嫉俗，正在振臂狂喊的同行，一听到有人说“高考最新信息”，也立时冷静下来，洗耳恭听……

命题人似乎在掌生死大权，却并无半点自得。有人问命题的教授："这几年高考语文命题你们是不是有……"——他本想说"黔驴技穷之感"，但是话到嘴边，改成"山穷水尽"，谁知教授平静地叹息答道："是黔驴技穷。"

10. 无声的课堂

到了升学考试季节，不少朋友会带着孩子来咨询，有“小升初”的，有“中升高”的，也有要考大学的。这段时间，我见过各种年龄层的孩子，虽然成绩不错，各有特长，但是有一个共同点，就是这些孩子都有点“木”。在无数次谈话中，没有一个孩子主动向我提出问题，而他们的父母为他们考虑的问题本当该由他们自己去考虑的。

据我的经验，这样的孩子到了学校之后，不但提不出问题，也很少愿意回答教师提出的问题。有经验的高中教师可能都遇到过这样难堪的局面：当教师向学生提出问题后，教室里没有一个人举手。而在小学，特别是低年级，是不会这样冷场的，因为儿童大多有参与意识。但是，渐渐地，“枪打出头鸟”、“木秀于林，风必摧之”的教育就感染了孩子，他逐渐会认为发表个人意见是一种不太好的“表现欲”，是“出风头”。与此同时，庸俗的习气也开始感染他，使他惮于发表个人意见，即，如果问题简单，不足以表现自己的水平；如果问题有难度，则有答错的风险，影响到师生对自己的评价，不如缄口不言。——中国世俗社会的文化，就是这样渗入孩子们的思想，继而感染到课堂。

据说外国中小学上课经常是哄哄然的“一锅粥”，学生会没完没了地向教师提出许多不可思议的问题，如果是在国内，这样的孩子肯定要被教师训斥。在我们这边，有些教师不喜欢学生质疑问难，并不完全是因为学生的问题有可能让他“挂黑板”，而是陈旧的教学观念使然，他们认为寂静的课堂是学生“守纪律”、“专注”的表现。橘逾淮则为枳。有个学生在国外读了两年中学，回校后显得不适应。他非常喜欢说话，喜欢发表个人的见解，哪怕想法还不太成熟，他也乐于与各科教师交流，所以课堂上常常是他一个人在与教师对话。但是一年下来后，这位同学就不愿意发表意见了，他发现自己是在与一群不肯说话的人在一起学习，他忍受不了周围讥刺的目光。

一些家长并不认为孩子不善于发表意见是弱点，他会颇为自得地向别人介绍自己的孩子："他一天到晚不怎么说话"、"他沉默寡言的，不像人家疯疯癫癫的"、"这孩子聪明……不喜欢讲话"……孩子不作声究竟是不是好事情？我劝做父母的都能换个角度反思一下。

我们中国，常常把人的沉默当作有修养，这是懦弱者在强大的专制面前保存颜面的难得的理由。在社会生活中，由于种种原因，人们不肯开口。经常可以看到这样的场面，开座谈会，一说到正题，主持者就尴尬，和中国人喜欢在公共场合大声喧哗的习惯完全相反，几十个人的会议室里能一点声音也没有，因为谁也不肯先说话，不是自顾自喝茶，就是装作在思考，或是装作在记写什么。不开口表达见解并非是缺乏才智，因为每个人都怀揣大学文凭，也揣着一肚皮心思……这样的事发生在成人世界，我们不去说它了，可是如果这一切发生在受教育的课堂里，那学校究竟成了什么？这样的教育怎么能不落后？

11. 如今少年老成精

近年特别容易怀想童年往事，有专家分析说，这是迈入老境的感觉。我想自己也许还不至于。我怀想童年，是因为想到童年是可以做梦的时代。我时有做梦的情结。可是当看到当今孩子那种极端的“现实主义情怀”时，我就知道自己错了。今天的孩子，缺的恰恰就是做梦的情致。反思我的所谓做梦，实在是人到老年，后悔当年无好梦而已。

现在小学的班长，有见到别人主动递名片的（为数不多，但是毕竟也填补了空白）；少先队“小队副”，每天一早就往学校跑，因为最过瘾的事就是可以去“管人”；中学学生会干部向校领导市领导“汇报”时，已经能毫不脸红地说假话了……虽然不是普遍现象，但是权力病正像瘟疫一样侵蚀着幼小的心灵。我听到某校竞选学生会干部的事，也颇惊讶，十七八岁的学生，竟学会戴着白手套对闪光灯微笑做“竞选秀”！

曾有企业在招聘大学毕业生时，声称不要学生干部，此事引发争论，有人认为该企业是自我炒作，也有人认为一些学生干部的言行确有“少年腐败”的倾向。说起大学的一些学生干部，很多同学往往很不屑，认为有的学生干部已经有浓厚的官僚色彩，他们把任学生干部当作个人发展蓝图的起笔。这些批评多是事实，未必带有个人情绪。过去单位招聘，最怕看到学生高分低能，现在则最怕看到“高能人精”。某中学招聘教师，来了几个学生应聘，刚到五分钟就悄悄混到班上，搞到班级座位表，了解班级“数学尖子”姓名，因为这样第二天的试讲就能很顺利；而一些来应聘的教师却不敢做这种事，认为这等同作假。做了手脚的大学生认为只要能达到目的，这样的行为不算什么。——他未必聪明，然而精明。

试想日后上司使个眼色，他便能心领神会；他内心一定知道搞业务不如“探路”和“织网”，“功夫在诗外”；他一双精细的眼睛只用来察言观色，虽然他装得谦虚笨拙；不动声色之间，他很快搞清人事关系上的微妙之处，有没有空缺的位置，谁将是他的上马的“梯子”，谁将是他的竞争对手，谁的一票将是决定性的……往往一年不到，一张网就织好了。

有老干部说起青年干部的“世故奇观”，单位里出现了严重的腐败现象，群情激愤，老同志个个痛心疾首，认为是奇耻大辱；而青年干部不怒不愤不笑不哭不言，直到事情发展成犯罪，造成重大损失，有人下狱，青年干部得到“补缺”，成了最大的得益者。要问的是：他在一片混浊中能“独清”吗？想到如此城府出现在20多岁的人身上，真让人不寒而栗。

这种在中国土壤上滋养出的“文化”，不知道还要腐蚀多少代人的灵魂？按那种顺序演下去，一个人二十岁就立志滑头，三十而老于世故，四十已大奸似忠，五十而扮正人君子，可作“关心下一代”状……怪不得有的小官僚才活到三十岁上下，见到人民时已经目光呆滞了。

12. 看“骄子”成“娇子”

有报道称南京的很多高校周围出现了新行当——“大学生保姆”。有些大学生出于节省时间或其他原因，每月花 200 元到 500 元，请个保姆或是钟点工，每天按时上门为他们完成做饭、洗衣服和清扫房间等生活琐事，而高校附近的不少下岗工人和退休人员做起了这个新行当。另有报道说，一个宿舍 6 个人，请了位下岗女工当保姆，从此不再为清扫房间发生争执，合算。

类似的报道，两年前也有过，说大学生怕洗衣服，只能穿脏衣上课或上街，于是全宿舍雇一名下岗女工专司洗衣。当时议论纷纭，也有许多让人难以认同的“新思维”，无非是说并不影响学生自立呀，是在“创造就业岗位”呀，“家政服务社会化”呀，等等。我们中国的事，如果让精于辩证的人自我评价，永远能有站得住脚的理由。

其实大学生雇保姆真不算什么。在读书成“龙”的观念下，现在连农村的孩子都不会干活了。我在苏北某贫困县听说，有些农民，尽管已经累得只剩一口气，仍旧不让孩子帮自己做农活，因为不读书上大学就没有出路。在这种情势下，农家孩子四体不勤五谷不分早就不是奇事。这真让人不知道说什么是好。城市中小学门口，每天坐出租车上学的学生不少，有的还常年包车，好在现在是汽车时代，要是还是黄包车时代，那校园门口就可以天天看到骆驼祥子，那我们就可以直接生活在文学经典中，不用在语文课上讲老舍的作品了。

多年前，有篇报道《夏令营中的较量》引起过比较大的争议，有人认为作者危言耸听，情况没有那么严重。大概地算一下年龄，当年夏令营中败给日本孩子的那些长于高谈阔论不肯动手劳动的中国小学生，如果还在读书的话，应当读到博士了。前几年报纸上有新闻，说浙江有位农妇，儿子读博士，放假回家，一盆衣服泡了三四天不洗，母亲眼见儿子如此懒惰，埋怨了几句，不想儿子心理脆弱，自杀了。这种从小就没有生活能力的孩子想到要自杀，我倒认为多多少少可能还知道点羞耻，要是他认为母亲就应当是自己的终身保姆，那简直就是行尸走肉了。中国现行的教育中，“劳动”没有适当的位置。反观学校教育，学生最重要的也是唯一的劳动任务就是清扫教室，一个星期轮到一次。而擦窗户一类的事，学校则雇临时工帮助打扫，因为万一学生嬉闹或是劳累出了危险，家长会追究校方的“监护责任”。除了书本学习成绩，学生在这样的教育中还能得到什么？大概只会空发议论，忙于“公民道德知识竞赛”或是“大专辩论”了……每每从电视上看到侃侃而论治国齐家平天下的大学生辩手，我都很想知道他们在生活中是不是个有自立意识的人。不止一次地听高校教师说，有不少学生干部，官气十足，非常擅长捞取政治资本，根本没有劳动观念，只动嘴不动腿，相比之下，也只是没有公开雇请仆役而已。

劳动也是获取文明教养的途径。学生在劳动中培养出的自立意识，使他们在社会生活中有自己的地位，有自己的理想，也可以承担更多的社会责任。而从爷爷奶奶代做值日生，到夏令营中不会做饭、走不动路，到每天坐出租车上学、大学生雇保姆，是娇生惯养的必然之路。常见有关人士议论西方国家教育的弊端，总是把西方大学生的劳动目的渲染得比较庸俗，他们大概没想到，不能培养劳动者才是教育最大的失误！

还有一个难解之惑，就是现今还有媒体称大学生是“天之骄子”，未免大惊小怪——只不过上个大学，就称“天骄”，委实让人觉得滥俗无见识。而我国每年招收各类大学生达几百万人，如果再加上读过大学的人，那真是难以计数，如果大家就此觉得都该去扫天下，不肯扫一屋，是“娇子”而非“骄子”，那无疑地，保姆就会成为紧俏行业，那就应当让大学生来侍候保姆了。

13. 辫子

刚到中学当教师那年，有家长向我诉苦，说她女儿晚上做作业时喜欢玩辫子，屡教不改，她一气之下，强行把女儿的辫子剪去了，现在她没辫子可玩，又搞起别的小动作了。几天后，我注意到这个女孩的短发，越看越不顺眼：辫子被剪，像是剪去了灵气，剪去了秀气。为什么一定要剪去她的辫子？那两条小辫真的会妨碍她的学习吗？我装作无意地问："那么好看的辫子，怎么剪掉了？"女孩也装作没事似的说："这样方便呀。"我问，有辫子是不是一定不方便？女孩说："我妈妈认为不方便。"我说："可是辫子长在你脑袋上呀？"女孩苦笑一声，不说话。随着年级的升高，不知道是什么原因，不止是她，全班女孩没几个有辫子的。再后来我在许多学校看到，女生清一色的短发，整齐划一，而有的男生头发越留越长，加上都穿校服，从后面看，往往男女不辨。

转眼 20 多年过去，当年的那个女孩，如今已经做了母亲，有次在街上遇到她和女儿，看那可爱的小女孩，5 岁了，扎着两根小辫，这就让我很伤感地想起以前的事了。也许她早就忘记做学生时曾被剪去心爱的辫子，也许她正是因为记得做女孩时失去了心爱的辫子，所以她的女儿有了辫子。——不过，如果有一天，她也出于"教育"而把女儿的辫子剪去，那会不会也有个老师因此感到悲凉呢？人生的故事啊，千万不能这样简单地周而复始！可是中国教育史上那种与生俱来的暮气，何时才能消散呢？

我记得不是很清楚了，20 世纪 80 年代，看过苏联作家鲍里斯 · 瓦西里耶夫的一部反映卫国战争前学校题材的小说《后来发生了战争》，里面有位思想新派的校长罗马欣，他让学校在每层楼上都安了镜子，要求学生注意仪表，理由是“我们的教育不但要培养无产阶级接班人，也是培养男人和女人的”（大意）。当时看了就很受震动，因为即使在今天，这样的提法也很少见。可是认真想一想，他的话极有道理。落后的教育扼杀学生的个性，甚至模糊学生的性别，使他们仅仅成为学习的机器，成为分数的附庸，无法从生活中感受到美，无法从学习中体会做人的愉快。这种落后僵死的教育，只能为社会培养出一张张一模一样的呆滞冷漠的脸！连一条辫子都不能容忍，又有什么必要侈谈“个性培养”？

对少女而言，辫子的有无，其实并不重要，重要的是要有愉快；不过，因为读书时爱玩辫子，就失去了留着辫子的自由，那么，那一剪刀剪去的又岂止是辫子？

14. 如果孩子们不懂得信任

问学生两个问题。第一个问题："当你们出门时，父母对你们讲得最多的一句话是什么？"大家笑了，不说；请他们说，大家都不好意思，异口同声，然则是一字一顿地说："外——面——坏——人——多！"——是的，如今每逢孩子出门，家长说得最多的就是这句。第二个问题："小时候大人用什么吓唬你？"答曰"老拐子"（人贩子）。——也难怪，社会有些邪恶现象是我们当年想不到的，尤其是在一家一个孩子的情况下，谁都怕孩子遭遇不测。我向许多送孩子上学的家长了解过，他们指着满街目中无人的汽车、摩托车和乱闯乱撞的自行车，无奈地说，他们宁可让孩子晚几年自立，也不愿意孩子每天与灾难擦肩而过。当传媒批评中国孩子生存能力差，中国的家长溺爱子女时，可能应当先呼吁尽早健全社会法治意识，呼唤人们有爱的意识。但是现在我想提出的一个问题是：你脑袋里有没有很强的"防"的意识？真的是"外面坏人多"吗？

有一年，学生到火车站去"学雷锋"，受了很大的刺激。车站的工作人员上班松松垮垮，很不负责，倒是去学雷锋的孩子越俎代庖。学生的任务，是帮助那些老弱病残和行包过重的旅客出入站。可是半天时间内，没有一个旅客肯把行包让他们提，谁见了他们都当贼防，而且出言不逊。在这里，他们亲耳听到老人对孩子说："别理他们！""小心，坏人多！"——可怜我的学生被人当坏人的时候，才知道这句话的杀伤力有多大。终于有个同学说服了一位妇女，帮助她拎起两个包，这位妇女的确没有能力独自提着行李出站，但是她真聪明，让那位女生帮她拎着两个包，自己竟然空着两手跟在后面。学生直到出了站才反应过来：她真精明——如果你是骗子,她能追上你。记得当时听了这些事伤感不已,世风败坏,殃及孩子们纯洁的心灵。但是问题不那么简单。我最早的学生现在已经做了父母,他们也到了对孩子说“外面怎么样”的时候了,他们又会怎么说呢?我真怕“外面坏人多”的说法成为中国家教中的“传世经典”。

为什么不对孩子说“孩子,你勇敢地去吧,在这个世界上,你到处都能遇上好人”?

台湾作家张晓风有一篇《我交给你们一个孩子》。孩子上小学的第二天起,母亲就让他独自去上学了。当母亲鼓起勇气这样做的时候,对社会充满了信任,那么,社会又将会怎样对待这个诚实可爱的孩子呢?我们常常看到社会对个人行为规范的种种要求,然而当一个人做到了社会所要求的一切之时,社会能否向他作出相应的承诺,能否给他相应的回报呢?每一位家长都对社会充满了希望,那么我们每个人又能为这个社会做些什么呢?

如果没有对人世间的爱,世界在人的眼中也就没有了善良。

孩子从小不懂得信任,是最可怕的事。

15. 你的浅薄害了孩子

我遇见你，你有点尴尬。我知道这是为什么，大概是因为我们20多年前的争论现在算是有了初步的答案。你说“退了之后没地方去”，你说“现在的教师不像以前那么负责”，你仍然不读书，仍然一如既往地鄙视知识分子，但在教育孩子的问题上，你毕竟说了一句“我文化不高”。

那时候，你根本看不起教师。你骄傲自大，因为当了个小官，在单位里颐指气使，很过了几年瘾。每次家长会，你都大模大样地迟到，推说工作忙；你对各科教师一味批评，就像批评自己的下属；偶尔还会打电话要求教师上门家访。我们做教师的，只要能让学生成材，往往不计荣辱。有一次，我应你之约上门，你在做家务，竟然慢条斯理地把手上的活做完了之后才懒洋洋地出来打招呼。当时我就认为你粗俗狂妄，很想转身就走，但是又不便当着你的家人让你难堪。你出于官本位而轻视教师，教师也会在内心轻视你。事实证明，论教育子女，你是失败的。你的错误，并不是仅仅因为无知，还在于不懂装懂。还记得那次有关丰子恺的谈话吗？那一年，我在课上读了丰子恺的两篇随笔，后来有些感兴趣的同学跑到书店去买丰子恺的书，你的女儿也买了一本。你拖长官腔对我说：“读点书嘛，当然是好的。问题嘛，在于读什么书，教师要正确引导学生……丰子恺这个人嘛我是知道的，虽然不反共……那些资产阶级的生活方式，不应当让中学生知道……这次就算了，以后要注意……”——听其他家长说，你没有学历，在单位里常常挖苦技术人员；你是“文革”中提拔的干部，你时常流露出对 1957 年的神往……我起初以为你只是心胸狭隘，经过那次谈话，我发现你的确是没有文化，思想观念陈腐保守。我试图说服你，但是你根本不屑听，我无功而退。10 多年后，在那群跑到书店去买《丰子恺散文选》的学生中，有个人成了研究现代文学的青年学者。她说，《丰子恺散文选》是她拥有的第一本真正的文学书。相比而言，你的孩子资质并不逊色，后来竟然一无所长，能说和你当年的浅薄狂妄没关系吗？

其实，有些事与“文化不高”关系不大，我的学生家长中有许多工人农民，文化程度并不高，可是我在与他们的接触中感受到他们对教育的敬重，对教师的尊重，这正是他们成为合格家长的基本条件。

16. “偷看者”

有报道称：在 10 至 18 岁的学生中，有四分之三的家长偷看孩子的日记。

其实孩子的日记被偷看，在我们中国一向不算大事。报道的中心意思是：“令人奇怪的是，学生中对此持无所谓态度的人数比例越来越大。”——也就是说，有相当一部分学生并不在意家长偷看他们的日记。

这就是缺乏人文教育的恶果。我觉得，暂且不要在这类问题上侈谈什么教育理念，我们现在的教育水平与发达国家的教育差距甚大，不能东施效颦。有教育家羡慕西方文明，说在外国，家长进孩子的房间是要敲门的，中国竟然没有。不错，这种文明教养是中国教育家最该向往的。然则且慢——我们中国，平民的住房什么时候能宽敞到那种水平？对“初级阶段”的家长还想提出什么样的物质要求？是各用各自的电脑电视？还是各人开各人的汽车？

有必要声明一点：我坚决反对过多地干涉学生的个人生活，主张保护学生的个性，保证学生有属于自己的天地，尊重他们的个人自由。因为我们这辈人和我们的上一辈人没有享受到这样的自由。但是面对记者有关“偷看日记”的指责，我想不明白的是：我们中国从什么时候营造了尊重个人自由的环境？我们对过去的不尊重个人自由有没有反思？

在举世重视子女教育的时代，孩子们的权利先于家长得到了保证，比如我看那个《未成年人保护法》，在家庭方面，主要就是约束家长行为，而没有教育子女尽孝。浙江有中学生泄愤弑母，安徽有 14 岁少年绑票杀人，这类事件几乎每个月都有。社会学家和教育家坐而论道，探究出的结论，竟然不过是传统的一句“养不教，父之过”（除此之外，教师和学校也连带挨板子）。我在这里想问的一句话是：又有谁对家长们有过什么“人文关怀”？

家长除了要遵守《未成年人保护法》之外还有许多义务，他自己的权利（包括隐私权）又得到过什么保证？比如，现今有的企业下班出车间要被搜身，上厕所不准超过3分钟，据说是新潮管理模式，企业家津津乐道，以为自己有了和欧洲或是日本一样的企业文明；到超市购物，不小心也会被当作贼一样，在众目睽睽之下被商家侮辱搜查；司法机构随意侮辱公民，刑讯逼供，草菅人命，弄得人民倾家荡产……说远一些，今天的中老年人，从小时候起，就被教育要“向组织交心”，一如准时忏悔；入少先队、入团都要“挖思想根子”，“灵魂深处闹革命”（还有后来的“斗私批修”），更别说入党当先锋队了。今天，对小孩子的日记，家长只不过是敢“偷看”而已，这足以证明社会在进步。从前，成人的日记动不动还得交给单位领导过目、交给“公检法军管会”检查乃至公布呢！连恋爱经过也得向组织汇报，对象的情况也得经过组织审查，而有的人，竟然就因为在日记中发泄了对“文革”的不满，就被扣上“书写反动日记”的罪名下狱，甚至剥夺了生命！——这些事就发生在昨天，论者不会指我为杜撰吧？

故而螳螂捕蝉，黄雀在后。“偷看”者鬼鬼祟祟，殊不知脑后有眼，自己早就在别人的窥视之下。不能保障自己的权利，恐怕也就很难有尊重他人的权利。

至于小孩子在日记中写了些什么，是不是也懂得了“糊弄鬼子”，故意制造假情报，我没看过，不得而知。不过我又觉得写这篇报道的记者是不是有点杞人忧天：现在的孩子，什么花样精没见过？还会在意自己的日记被人看了？

我说这样的话，绝对没有从“偷看孩子日记”转为“公开要求检查日记”的主张。在不尊重人权的环境中，比小孩子一本日记的保密更重要的事多着呢！

17. 和孩子一同成长

我几乎没有“青年教师”时代，大学毕业，已经30多岁，可是学生家长的年龄仍高出我一截，我在劝导他们时，总感到底气不足。20多年过去，而今家长会上，看着那些比我年轻一截的家长，有时竟也不知道说什么是好。他们常常因为孩子的一点成绩而为之四顾，为之踌躇满志，也常常因为孩子少考了几分而气急败坏，沮丧万分。有时和这样的家长谈上几分钟话，就会明白孩子的问题出在哪里了。

最近有一件事鼓舞了我。

期末家长会上，有位衣着朴素的女士看着我同家长们交谈，庄重地等候在一边，直到大部分人都散去，她才走过来。我近年记性很坏，抱歉地说已经记不得她的孩子是谁了。她微笑说：“我是某某的妈妈。”她的女儿在班上很受同学尊重，因为她读书多，有主见，为人正直。也许是正因为读了很多书，所以她又特别愿意听我的语文课。我对她的女儿有较深的印象，因为她既随和，也有自己的思想，她写作水平很高，却从不张扬。我说了自己的看法。做母亲的说，孩子在家里乐于说学校的事，常说起老师是怎样上课的。

告别时，这位母亲有几分犹豫地从包里拿出一本杂志，说：“老师，我的孩子爱写作，她让我看她的作文，里面写到了我；我看了很感动，也写了一篇作文，登在我们集团的刊物上了。我想我应当送一本给你，你也是我的老师，请你多指教。”

当时颇感意外。晚上，我看了她的“作文”，也受了感动。她是位普通职工，估计没有受过专门的文学教育。看她的文章，感觉她是一位合格的母亲，有和孩子一同学习的意识。她在文章中提出要让孩子懂得爱，让孩子明白自己的责任。她的文笔并没有女儿好，但是每一句话都发自肺腑，流淌着真情。

和孩子一同学习，一同成长。——今天，有多少做父母的能有这样的认识呢？那些为了生活终日忙碌的人们，有多少能像这位普通女工一样，在结束了一天的奔波辛苦，在做完了家务之后，在灯下拿起笔，写下自己的爱，写下自己的人生感悟呢？

一个合格的学生，他的成长不仅注入了教师的智慧，更倾注着父母的心血。如果教师都能成为合格的教师，家长都能成为合格的父母，中国的教育还会有那么多的困难吗？

很久没有这样的愉快了。然而写了上面这些话，老毛病复发，不由自主地想到要做点对比。很多做父母的，自身缺乏人文意识，也没有这方面的追求，出语粗俗无知，不知今世何世，竟然还在教师面前大谈“学好数理化，走遍天下都不怕”（更可悲的是一些教师至今仍持此论！）。开家长会的时候，总是有人非要把私家车堵在校门口，百劝不听，开个把小时的家长会，一直在接手机，大呼小叫，旁若无人。找到教师，先问分数名次，得知清华北大无望，脸色铁青，怨天尤人，算计着回家如何“做思想工作”——我们中国，真的是人人都会“做思想工作”吗？要他们彻底觉悟，也许真要到他们遭遇更大的失败之时。

和孩子一同学习，一同成长吧，就从写一篇作文开始。

18. “努力去做成几件事！”

对孩子应当有怎样的期望？众说不一。有人认为，过高的要求不切实际，子女因为长时间达不到要求，无法实现目标，会导致丧失信心。这方面的例子，听过不少，确有一定的道理。但是也有反面的例子，如果对子女期望不高，他们也就难以把握一生中最重要的阶段，以提高自己的基本素质，只有在他们的少年时代，就告诉他们：一个人只要奋斗，他就有可能成功。他们就能不满足于既得成绩，转而奋斗不已。我觉得两种意见都应当能吸纳——并非自相矛盾，因材施教而已。

教师经历的教训比一般的家长要多。有次晚自修时，一位家长来找我，我以为他来是要谈孩子学习情况的，没想到这位大学教员一见面就说：“今天我想同你谈谈教学法问题。”——我尊重每位学生的家长，只要他们知道尊重科学，尊重教育规律，可这位大学教员指责学校不注意给超常少年特殊待遇，他认为学校没有必要让他的儿子和其他同学一样听课做作业，大谈他的孩子在校“吃不饱”。这“吃不饱”在 20 世纪 80 年代初是句很时髦的话，用以表示智力超群，不能脱颖而出的遗憾。该教员激动并语重心长地对我说：“国家需要早出人才，快出人才。你们中学教学不能拖大学的后腿，不能误人子弟呀！”——他的话令我费解，我认为他的判断有问题，于是委婉地告诉他，他的孩子根本不是“吃不饱”，而是“咽不下”，因为学习习惯差，浮躁，效率很低，上课听不懂，往往自以为是，自命不凡。他听了以后，认为老师们的判断力有问题。一个月后，他把孩子转到所在大学的附中，他要“亲自抓”。我劝他不要盲动，无奈他被当时的风气所左右，走火入魔地认为儿子是“宁铂第二”，不顾后果，一意孤行。

一年后，他带着儿子回来了。在我的办公室，他羞愧地告诉我，那所学校排名次，儿子现在是班上的“倒数第二”，趁着没当“倒一”，回来了。该生告诉我，父亲用教大学生的办法天天给他“追肥”，遂有今日。这件事过去 20 多年了，我一直记着这个教训：家长千万不要高估自己的孩子，不要提过高的期望。

望子成龙无可厚非。问题在于“龙”是什么？何以见得“名列前茅”才是“龙”？我特别不能忍受的是教育界的俗气，“名列前茅”、“金榜题名”、“天之骄子”这类俗不可耐的词语泛滥，津津乐道者竟然多是校长、教师和家长。在这样的环境中教学，教师体会不到教育者的幸福，体会不到精神劳动的乐趣。

我常对学生说的一句话是：“要努力做成几件事！”——什么是“事”？我可能难以说清。我只知道，我的学生会推敲这句话的内涵。因为这“几件事”一定要通过“努力”才能“做成”，所以绝不至于是混张文凭挣高薪可以冒充的。每个人都应当根据自己的判断尽可能地去努力。如果盲目地向孩子提高要求，动不动就是“必须进入前三名”，“非清华北大不读”，灌输“只有金牌才是牌”的错误观念，那结果会是什么？固然不会全体上演“铁锤杀母”的惨剧，但是至少学生不会有人文素质。在未来的时代，一个缺乏人文素质的学生又能成什么气候？何以称“龙”？

我带过的最优秀的班也是工作最困难的班，那个班的学生是从六省一市招来的，经过两年高中学习参加高考，即所谓的“大学少年预备班”。还记得当年那次入学座谈，几乎每个学生都说过“考不取大学回不了家”，因为每个录取到“少年预备班”的学生在当地都是一县的“小名人”，县太爷或是乡长、镇长大人都觉得有面子，都以为“读书尖子”出在自己一方土地上了。学生心理压力极大，如果名落孙山，那岂非有辱一家一族一县？那两年，我最重要的工作就是努力给他们灌输“你们一定要做成几件事”、“以后要想办法让父母过上好日子”。我没把“名牌大学”当作“事”，我只要他们孝敬父母，只要他们注意培养良好的学习习惯，他们的确没有辜负教师的期望。

我反对家长盲目估价孩子的实际学力，也反对过于明确地向孩子提出不切实际的“奋斗目标”，我还是只想简单地对学生说：“努力去做成几件事！”

19. 写给家长的话

教师的教学需要站在班级整体教育的位置上分析问题，而家长可能只重视自己孩子的特殊要求，双方冲突往往体现在视角的不同。家长爱自己的孩子，无可厚非，但是不能无视校规校纪的约束，不能无视教育教学的客观规律，不能无视集体的存在。无论是教师还是家长，在对同一问题产生分歧的时候，都应当注意服从最高原则，服从教育教学的规律，而不该感情用事。有家长对教师有意见，嫌教师年轻，没经验，要求学校撤换教师；但是该教师却埋怨家长粗俗，娇宠孩子。该家长的要求显得无理，他以为自己是在看一场足球，可以跟着成千上万的球迷一同狂喊“换裁判”而不必负责；而那位教师则未免少见多怪，忘记了自己作为体制内的教育者，不可能择天下英才而教育之。

教师和家长双方应当保持良好的关系（当然，不能没有距离），双方对同一问题有不同反应是正常的现象。现在独生子女多，家长的偏爱、溺爱往往表现得都比较强烈，这是可以理解的，但是教育教学的基本原则却不大可能因为独生子女的存在而改变，这一点为许多家长忽视了。

作为教师，我对家长有过一些直率的劝告，因为我把他们当作朋友。比如对一个学生的评价，家长和教师往往会有分歧，这很正常。有家长在家长会上发牢骚，说自己孩子在小学学习很好，不知为什么一进中学反而不行了；或是说孩子在初中学习总是名列前茅，怎么一到高中换了班主任成绩马上就下降了云云。——家长说这样的话会招致教师反感，因为这些话表现出对学校教学的无知和对教师的不信任，这样的情绪只会恶化教师与家长的关系，无助于问题的解决。家长过分地关心教师教学，也会干扰教师的正常工作。有位家长，不放心学校教学，通过各种渠道把全校教师的名单抄回去排队、搞业务摸底（真比当校长的还要尽心！），与教师说话时故意表现出自己是熟知学校情况的消息灵通人士。还有一种，事无巨细，都要跑到学校，与教师一一谈话，似乎所有教师都只教他家的公子、千金一人。有位家长为儿子准备了一本“联系本”，让每个教师把该生每天在校的表现一一写下，然后带回家让她过目签字。——这种做法不但严重干扰教师的正常工作，也是极不尊重教师的表现。教师毕竟要面对50多个学生，家长出于自私的目的增加了教师的工作量，也造成了教育的不平等。

更有些家长，也许是自认为有一定的社会地位，对教师（尤其是青年教师）说话不礼貌，见到教师，总是炫耀自己不是一般的人物。曾有家长初次见面不问其他，当着家长们的面对班主任说：“我和你们 × 校长和 × 书记很熟，上个星期刚和你们 × 校长在一起喝酒……”——这位家长可能弄错了一点：向教师摆官架子，流露出庸俗和霸气，结果可能适得其反。家长的行为修养差同样招致教师反感。现在学校开家长会，教师讲话常被手机声打断。有次班主任让我在家长会上讲话，15分钟时间，有位家长的手机响了7次，他不停地走进走出打电话，旁若无人。——请想，当他要求我对他谈谈“孩子在校表现”时，我能说些什么呢？孩子在这样的“文明”中长大，会走上一条什么样的路，是很让人担心的。

20. 今天我们怎样做父亲

报纸编辑给我出了这个令人头痛的题目。很怕写这样的文章，但我的职业是教师，不说也不行；况且我们每天都面临这些问题，接触到的人都不免要谈谈子女教育的问题。论教育，中国算不上发达，可是在中国，似乎人人都像教育家，人人都能一说一大套，就连监狱里的犯人，也从不放弃教育别人的资格，他们会通过记者对公众说："希望大家学好法律，不要学我的样！"而教育界自封的专家学者也比任何一个行业要多，三百六十行不同样，但家家有人上学，只要捏过粉笔，他就敢吹，可是这些年问题越吹越多。

在学校里最烦的是一年几次的走了味儿的家长会。刚当教师时，那些做父母的年纪都比我大，一个个拿着笔记本记我说的话；现在开家长会，这些做父母的年纪多数比我年轻，还是个个拿着笔记本记我说的话……这样的模式到何时才会换一换呢？所以每在这样的家长会上说话我都感到无味，我想对家长说的话其实是这样几句："你们的任务是注意孩子的营养和休息，然后教育他在学习上多听我的话，完了。"——可是大家似乎总觉得不过瘾，一个教师怎么能这样"大而化之"呢？他们总要逼教师说出一些具体的"管、卡、压"意见，而全部的也是唯一的目的，就是要儿女出人头地，在分数上压倒众人，以后做个"人上人"。所以，一些家长只乐于打听分数，打听名次：这次考试在哪几门上"打倒"了谁，连续多少次把谁谁"踩到了脚下"，然后在同事、亲友面前炫耀一番。——这样的"教育"究竟有什么乐趣？我真的不理解。

而说到教育孩子做人，有些家长往往就没了谈兴。我们也不便多说。

不到我这种年纪，有时不敢同家长谈这样的问题。比如，学校里青年教师多，但是学生家长对青年教师常常有偏见，出语不恭，连带自己的子女也轻视青年教师。然而最终吃了苦头的还是学生，因为听课的是孩子而不是家长。教育子女尊重他人，向一切可以学习的人学习，做父母的人不是可以轻松一些吗？有学生写文章，对自己的父母走到哪儿都肆无忌惮地使用粗俗语言感到难堪，有的则对父母在影院、商场对着手机喊叫感到丢脸。父母不文明的行为会使孩子感到压抑。

子女在社会上的表现代表着家庭教养的水平。故而不要总是担心孩子“吃亏”，千万不要认为让孩子学会了占便宜就完成了你的教育大业；这个世界大得很，你不要自作聪明。汉代有个佞臣陈万年，他的儿子陈咸却是个正直的人。陈万年生病时，陈咸奉侍在床前，陈万年喋喋不休地训导儿子，儿子不领情，睡着了。万年大骂儿子不更事，儿子说：“你想说的我全知道，你不就是想让我学拍马屁吗？”——这是当老子的希望儿子与自己一样富贵。晋代的嵇康是个刚正的人，因坚决不与当权者合作而被杀，但是他却在诫子书中教导儿子嵇绍小心奉侍上司，细致入微。这是当老子的不忍让儿子吃自己正在吃的苦头。人世间是多么的复杂啊！

第五辑

“实话”怎么说

1.“模范”如是说

有位教师愤怒地说了一件事。他参加表彰大会，会上有模范教师（以下称“模范甲”）做经验介绍。模范甲是支援贫困地区的教师。有一天，他正在上课，有人跑来告诉他：“你的女儿被拖拉机撞伤了，要赶紧送医院。”模范甲说：“我的岗位在这里，我怎么能把课停下来去送自己的女儿呢？”他忍住悲伤，继续声情并茂地上课，等到下课再去看女儿，女儿已经永远地闭上眼了。

仍旧是这位模范甲，失去女儿后，又传来妻子在家乡患病的消息，他告诉同事们：“我的岗位在这里，同学们离不开我，在高考复习最紧张的时候，我怎么能走开呢？”等他拖到高考结束回家，妻子已经瘫痪了。

还是这位模范甲，老父亲又患病了，想他能回去照料一下，老父亲天天喊着他的名字，盼他能在病榻前陪几天，可是他还是告诉同事们：“我的岗位在这里，学生离不开我……”老父含恨而死。

接下去模范甲又介绍他的老母亲是怎么死的……

据说模范甲在上面时而作激昂状时而作痛心状，几次哽咽得讲不下去，台下掌声雷鸣，可是也有些代表听得目瞪口呆。我得知此事也惊讶：这个人怎么配当教师！

我也不止一次地听这样的事迹介绍，也曾满腹疑惑。比如介绍某位教师，其父病了，要他回家看看，他说“我在上课”。后来父亲去世，他用一天半时间处理了后事，“又出现在可爱的学生面前了”。又有位教师的女儿埋怨妈妈成天忙工作，从不关心她的学习，可教师妈妈说：“我有 50 多个孩子呢！”还有位老师患病，为了辅导学生参加高考，放弃了最佳治疗时间，后来落下了残疾，每逢发病时，会在办公室地上抽搐、痛哭，以头撞墙……每听过这样的报告，一连好多天心里都会不舒服。

一个人有这样的表现是很难理喻的。教育要铸造健全的人，可是这样的教师却为了“岗位”抛弃做父亲、做丈夫、做儿子的责任，我认为他的情感是不健全的，其价值观也是虚伪的。一个人，连妻子都不爱，连子女也不爱，连父母都不爱，却说热爱自己的“岗位”，爱自己的学生，这种话，你相信吗？他的人生目的是什么？他抛弃了所有的亲人，只是为了能站在讲台上？在他的这种行为示范下——如果他还有“示范作用”的话，他的学生会学成什么样的人？

我不知道被推崇的这些教师能有怎样的社会地位，我也不知道这些教师能教出什么样的学生，我同样不明白，这些人为什么如此蒙昧。且不说教师应当是“大写的人”，也休说什么“灵魂工程师”，至少不应当像赎罪一样地终年“奉献”吧！教师当有正常的人性。一个人没有“人”的意识，没有正常人的思想感情，那就不能从事教育工作。新闻中常有教师虐待学生的报道，而主管部门对教师行为作出的解释往往是“教师责任心、荣誉感过强”、“对学生要求过于严格”，等等，实在不可思议。

吴起杀妻求将，为人所不齿；乐羊子饮下被杀的儿子做成的肉羹，魏国君臣不怪。现在过去了两千年，竟然还大量地存在着模范甲这样的怪物，让我们说什么是好？这个社会怎么就没有进步？“文革”前后，很时兴那种“只知忠领袖，不知孝父母”、“只知有工作，不知有爱情”、“只知有国家，不知有亲人”等等荒谬绝伦的“样板”。在那些“存天理，灭人欲”的毒论下，也涌现出一些“只有国没有家，只有领袖没有父母”的所谓功臣模范人物。这些人，连生命也不珍惜，他们信奉的是“革命加拼命”、“一怕不苦，二怕不死”。在饱含宗教极端情绪的禁欲主义毒害下，很多人丧失了人性，有的青年已经完全不懂什么是“爱”。那个年代，给几代中国人留下了伤痛。

中国人的表功积习，更发展了这种恶劣品质，它破坏的是基本的伦常，毁灭的是人性。为工作牺牲自己，尚可以理解；为工作牺牲亲情，牺牲亲人，这其实是一种变态的极端的个人主义，是极不人道的——如果嫌这种指责苛刻，那至少是麻木或虚伪的吧。而那些用愚弄群众的方法实现专制统治的人，当然不会让自己上当。试看“文革”中的拉帮结派、裙带风，“一人得道，鸡犬升天”，就是落后反动与庸俗作风的大展览，封建习气深入骨髓，他们自己什么时候“革命加拼命”过？

教育的目的是什么？难道是为了让学生都成为连生命也不知道珍惜的人，成为六亲不认的人？为什么现如今常有学生轻生？为什么他们对别人的不幸遭遇表现出冷漠？为什么他们会虐杀小动物？为什么他们会做出无视他人生命和健康的事？常说有什么样的教师就会教出什么样的学生。换个角度看，教师不是连自己的身体也不顾惜吗？不是没把亲生父母的感情当回事吗？有位同行说了一件事，足以警醒世人。某教师的儿子犯罪判刑，教师去探监，儿子不肯出来见面，带话说：“你不是有许多‘儿子’在北大清华吗？你去看他们去吧。可他们又有几个会认你？”

在那种缺乏人性的教育下，学生对教师会有感情吗？我的同事病未痊愈，从医院回到学校上课，全班学生欢欣鼓舞，掌声雷动，有的说：“老师，我们天天想你回来上课！”有的说：“老师，我有好多问题就等你回来问呢！”有的说：“老师你不在，作业全耽搁了，你回来就好了。”——但是没有一个学生说：“老师，你的病真的好了吗？你还需要休息……”

如果继续那样片面地宣传教师的忘我和无私，继续那样不恰当地宣传教师的“奉献精神”，教师会成“令人羡慕的职业”吗？

所以我听这类“模范报告”时，总感到一阵恐惧。

2. 听郭橐驼说种树

柳宗元写过一篇《种树郭橐驼传》，那位郭橐驼种树的经验是：种树时要认真，种完就不要再去管它。那些学他种树而不成功的人，失败之处就在于对种下的树过分“关心”，“旦视而暮抚，已去而复顾，甚者爪其肤以验其生枯，摇其本以观其疏密”，“虽曰爱之，其实害之，号曰忧之，其实仇之”。——这些话把问题说透了！

大量的个案表明，对子女学习过分关心，每星期跑学校找教师“通气”的家长，子女学习能力都不算高，处世能力也比较差。反过来看也有问题。曾有校长介绍某教师“先进事迹”，说他一年中，对某位有思想问题的学生“家访达120次”。——除去寒暑假，这位学生原本宁静的家每两天被班主任光顾一次，人没病也会被折腾出病来的！请想一想，为一个学生的思想问题，一年中家访了120次，这究竟是说自己勤勉呢，还是说自己的水平太差？其他工作还要不要做？结果有行家笑问：这位教师懂不懂教育学？——教师应当知道，对有思想问题需要帮助的学生，必须弄清他的问题是什么性质，教师有没有能力解决，家访的时机选择是否妥当，教师能把问题解决到何种程度，等等。一个有经验的教师不会每隔一天就跑到人家里去做一次无用功；况且，如果有人每隔一天便跑到你家里一次，你烦不烦？学生没有问题也会被你搞出问题来！一年中对一位学生家访120次，究竟是家访还是骚扰？虽然这个“年家访120次”可能是教师夸大其辞，但也说明该校长和吹牛的教师一样，对教育学、心理学一无所知。这类的笑话，常能遇到。

任何事，管得太具体，就会弄得毫无希望。

教育行政干部说起心烦的事，都说送往迎来是件伤脑筋的事。尤其是小官，一日之间阴阳寒暖，百味皆尝。永无了时的检查、巡视、验收，一级对一级，一级骗一级；京城来了一个司长，省里下去一个处长，就能让地方上兴师动众，前呼后拥。其结果是养成了往下面跑的习惯。深入基层值得提倡，深入基层去扰民则是另一回事了。官者管也，但管得过多，必然生事。

1994年克拉玛依火灾惨案后，曾有人痛言“形式主义害死人”。因为那场“汇报演出”毫无必要。自治区教委“双基评估验收团”的任务是检查“基本普及九年义务教育、基本扫除中青年文盲”情况，然而市里非要弄几百个学生（据说都是优秀学生）去唱歌跳舞，这是“下官”对“上官”的敬意，是使上司脸面生辉的事。没想到一场大火，干部先逃，让300多个小学生死于非命，毁了300多个家庭。这笔账，不也应该记到形式主义的头上去吗？

检查、验收、评比、汇报……很多在做的，即使没有生事，也不过是在低水平上的重复，成绩年年有，问题依旧，直接受害的，还是百姓，“鸣鼓而聚之，击木而召之”，劳民之外，还要伤财，上官吃喝之外，没准还要闹出个比一把大火还要出格的灾难来。现今教育界的一大苦处，就是该管的事无人问，不该管的事，被死缠不放。具体到教育学生，更是无事生非，我们中国，什么人都认为自己有关心下一代的责任，但是没有人考虑自己是否具备关心下一代的资格和能力，从这个意义上而言，中国的孩子是最不幸的。

所以我建议大家去读读柳宗元的《种树郭橐驼传》。

3. 教师论文成作业

高校抨击学术腐败，揭露论文剽窃，年年有新闻，即使如此，也像一场打不赢的战争，防不胜防。看这些相关报道，并没有揭黑幕者所说的那种“触目惊心”的感觉，只是觉得“烂”，有些事早已有所耳闻，现在不过成了白纸黑字而已。想到这样的事正在上演，现在不过是又抓住了几个技术低劣的窃钩者，就觉得无谓。在我们中国，这些报道出笼大约很不容易，因为牵涉到的毕竟多是名流。高校学术如此腐败，舆论势必会以此和政界比较，牵动的面太大了，又会有人担心“不利于安定团结大好局面”。

有的大学活像穷疯了一样，公然卖文凭，声名狼藉。卖过本科卖硕士，卖过硕士卖博士。先有老板出钱买，后有官府权力开口要，再后来举凡一切有东西可以做交易的人都来交换……真正把大学变成了市场。有位教授评论说，中国的研究生教育，就是被这样搞垮的。

学术腐败的根子在于名利诱惑太多，除了头衔，还有票子、房子、车子。对高校情况略知一二的人都有同感，高校现在形同名利场，又常有“二桃杀三士”的窘况，然而更难指望众人有高士余风，见肉少狼多，脸色多为之一变，千奇百怪的“成果”都会搬出来。中学也一样，只是“腐”的形式还在“低层次”上徘徊。中学评职称要交论文，有“硬指标”，一些教师的论文又是如何“制作”出来的呢？只要稍微推敲一下这些论文，再有机会与作者对话的话，保证大开眼界。某学会请我看苏北某市一批论文，共 40 多篇，我三天不到就看完了，很简单：因为没有价值，没有信度。有的一翻就知道来路不明。其中某县交来 7 篇体育教学论文，我看了以后告诉该学会：无论如何得把这7位体育教师找来，有这样高的学术成就和文字修养，怎么一家伙全埋没在苏北的同一所乡镇中学？我们国家虽然人才济济，但也不能这样浪费呀！应当让他们到高校体育系或是体育研究所去施展，因为我知道体育院校的一些教授副教授，水平根本达不到这7位教师的水平。学会负责人翻了一下这批论文，数落说，真笨，连抄也不会抄，以后要打招呼：抄抄一般教学论文就不得了了，不能抄学术论文，抄了学术论文，人家一眼就能看出来。

参加职称评审，翻看申报者的材料袋，一个大市申报语文高级职称的120多人，在公开刊物上发表过论文或其经验介绍的只有五六人。大部分人的材料袋中都是“三等奖”获奖证书。——这中间又有名堂可说：三等奖也是奖，只要交了文章和评审费就得有奖；如果不给奖，在教师看来，如同白日行劫。再说所费不多，一篇文章“市价”40元，证书的成本很低，原先发一个绒面的“荣誉证书”或是“获奖证书”，要四五元；为了节约成本，有的部门干脆发“裸体证书”——没有封套，仅一小张纸，盖个印，大约只花一两角钱。一般评比，论文和评审费交到，假模假样地翻上三五天，才把奖定下来。某市教科所长嫌钱来得太慢，为和教研室、教育学会抢论文生意，想到不能守株待兔，便带着教科所的大印上门服务。他跑到区里，区里就把100篇“论文”的目录和4000元钱交给他，他掏出大印，在空白的“裸体证书”上敲40下，然后从4000元钱中数出1000元给区里“做经费”，装好3000元，再跑下一个区。——我们中国，有特色的东西也实在太多。所以，现在评职称，评委一看到这些成本只需要一角二分钱的“裸体证书”，就来火。

几乎每个星期都会收到各种“委员会”、“中心”、“编委会”寄来的“论文入选通知书”，通知你交点钱，领取证书，或是到哪里参加研讨会，出国旅游，或是通知你交钱买版面……你要说他是骗子，他的名头很大，甚至挂在国家机关或著名研究院、大学牌子下；你要说他不正经，他的通知中满是网罗天下英雄的诚意。的确有人直接花大价钱买了这样的“获奖证书”和“名人录”,顺利地报了职称。我们中国,只要有人居住的地方,墙上就可能有“办证”的字样,湖南双峰一带的农民精于此道,早就把全国各大城市的街墙刷遍了。

鱼龙混杂,吃亏的永远是正正经经做学问的人。

那么最好的办法是什么?和对付学生一样——考。我们中国,只配用这个办法。

4. 职称的烦恼

仅仅 10 多年的时间，事业单位都已“职称化”，系列之繁杂，名目之古怪，有如白日见鬼。我不敢说三道四，怕不小心举错一个例子，立刻得罪整整一个行业的“职称系列”。人人有职称等于人人没有职称。职称到了滥的地步，本已经不值钱，可是没有到手的人更加疯狂。每到职评时节，就是单位里鸡飞狗跳的时候，但是像前些年哭哭啼啼、吵吵闹闹的不多了，代之而起的是虚构的“实绩”和滥奖的证书。

有关方面为了提高职称的“含金量”，安排了一些考试，如考外语，必须过关，否则没有资格。一开始此法能卡住不少人，后来也形同虚设。如某地新闻系统外语职称考试，只需要背死 60 句“英译汉”，一切解决，因为只考这 60 句。不识 ABC 不要紧，你只要死死地记住第一个词是“狗”，那么这一句一定是“狗在公园里做体操”；如果第一个词是“星期一”，那么这一句一定是“星期一在公司里我们听老板作报告”。前些年有高校报教授者考俄文，预告只考《项链》，翻译五段。大家背了一个寒假，结果试卷发下，只考三段，照说是件省力气的事，应当高兴，可是副教授们大怒，因为如果五段全考，他们早已按顺序背了下来，不费事，现在只考三段，谁知道那是哪三段？有两位老先生甚至不知道五段已减为三段，照样把五段中文往上抄，传为笑谈，据说他们连俄文字母也早已忘光了。这种测试，有什么价值？

又有具体的“硬杠”：报高级职称必须在省级以上刊物发表三篇论文。全国要上这个劳什子职称的有几百万人，每人要发表三篇论文，该是多少篇？把这个账一算清楚，恐怕就知道什么叫“印刷垃圾”了。

至于“述职”，更是儿戏，如果要实事求是，说“我不行”、“对照标准我还不够条件”，那就是脑袋有毛病，现在申报职称的人述职，听起来简直像听一个人在给自己致悼词！

说得俗些，是“僧多粥少”，说得粗些，是“肉少狼多”。于是乎一到评职称时节，飞短流长特别多。本来相安无事的，一旦有利害相加，脸马上就难看起来。逢上“民意测验”，平素人缘不好的人，紧急修补，吃请送礼，联络感情，无所不用。只是近年这“民意测验”也不大管用，关键改为“朝中有人”，于是一年一度的职评也成了腐败季节。

问题又在于这种职称评了也是没有用的。职称评滥了，流行一句话，叫“过生日吃面”，年资一到，根本不管够不够格，就往上报，尤其是教师的职称，含金量是越来越低。城市的重点中学，职称比例倒挂，高级职称竟占到教师总数的55%以上。有的高校，教授成群，某校物理系，副教授以上职称者70多人，讲师仅3人。形象一些说，如今“满街高级知识分子”。职称滥到如此地步，还能起什么作用？据说中国不但是世界上职称系列最丰富，而且也是世界上职称绝对人数最多的国家。

每看到医生上班不睬病人，只顾把英文书放在抽屉里背单词的时候，我就想，什么时候改革把这些职称体系全革掉，大家靠真才实学安身立命，中国的知识界才有振兴的希望。

5.“实话”怎么说

中央电视台新闻评论部的《实话实说》编导来电约我去拍一档节目。我问为何找到我，对方说，你不是写过一篇《高考作文阅卷手记》吗？

今年（2002年）3月，我到广州开会，得闲去《南方周末》看鄢烈山。他问我高考作文是如何组织阅卷的，我说了一些体制方面的弊端，特别针对社会不重视、资金投入不足等现象表示忧虑。鄢烈山建议我写出来，我当时很忙，问能否以后再说；老鄢说，再不写就又得拖一年，我们要有点社会责任感。回来后便写了篇文章，就是后来登在《南方周末》上的《高考作文阅卷手记》。毕竟揭露了一些内幕，特别是提出要对几年来的考生报名费使用进行审计，势必开罪利益集团，报社怕引出不必要的麻烦，要我化名。我考虑到文章提出的问题有普遍性，化名有利于让各地对号入座，就同意了。文章4月25日刊登出来，反响强烈，很快就有人发现是我写的。我写这篇文章的时候，没有同任何人打招呼，我知道大家的担心，他们一定会劝阻。但是文章发表后，始终没有人公开反对。最可慰的是江苏的老师给了我极大的支持，一些我不熟悉的同行也声援。我认为，这件事有可能引起有关方面的注意，对2002年高考阅卷做比较大的投入，没想到这篇文章还是给我添了许多乱。听说《实话实说》要我去做这个节目，当时很惊讶：全国五六百万考生，如果听到现行阅卷方式存在的问题，会有什么反应？于是我告诉他们，这个节目不合适，请慎重考虑。过了5天，编导来电，再次邀请，说，可以谈谈作文教学改革。想想这个话题还有价值，的确需要找个场合谈谈作文教学改革的途径，于是就答应了。但我对传媒懂不懂语文高考的特殊性，能不能把问题说清楚，一直心存疑虑。7月7日下午到北京，当晚到新闻二部，策划人不谈节目的事，也不说节目如何做，拿来10多份“高考作文”让我判分。我说我不喜欢这些事，编导说，帮帮忙吧，和节目有关的。我问这些作文“考生”是用多少时间写的，他说没准，有的一个多小时，有的10个小时。后来有报纸称作家魏明伦是当场写了两篇作文，这是讹传。他是在家写的，据他自己说一共用了10个小时，7月9日带到北京。我教书多年，也参加过作文阅卷细则的制订，可是我不知道该如何对这种非正常考试作文判分。因而我声明：只能根据我的经验，根据一种假定的标准评分，对考生而言，“连参考价值也没有”。我问策划人是否了解高考阅卷规则，他们一无所知。这时我表示了自己的担心，因为与一群不懂高考规则的人谈高考是非常麻烦的，他弄错一句话就会引起几十万、几百万考生的疑虑甚至造成不测！有经验的教师一般不会在传媒上随意地谈高考，因为谁也承担不了责任。7月7日晚在《实话实说》编辑部，批了一部分；7月9日中午，他们又送来3篇。这些作文没有统一用纸，格式也不规范，有的用了毛笔，有的还是打印的，有的别字连篇，语句不通，有的一看就知道是初中生写的。我按所理解的“标准”，根据多年阅卷经验批改这10多份作文。和我一同“阅卷”的老师是一位认识的朋友，他是教外国文学的，由于没教过中学，也没有参加过高考阅卷，他甚至不知道“基础等级分”、“发展分”是什么意思，他仍然按百分制给分，然后再转换成60分。

这群特殊“考生”，有何祚庥、聂卫平和魏明伦，还有大学生、初中生及在职干部，应届毕业生也有一二。改的时候，除了能认出聂卫平的试卷，其他到“亮底牌”时才知道姓名。三位名人并不了解高考，连考场作文的一般要求也不明白。比如，要求中有“不少于800字”，可是何祚庥只写了400多字就交卷了，他不知道要计算字数，以为差不多了，400多字（其中还抄了一段题目），文章根本展不开，而每少50字还要扣1分，所以不能及格。聂卫平是下围棋的，估计眼睛一扫就知道有800字，文章还是有点内容的，有几句话还有点意思，可以及格。但是他在文章中写了“陈老总如何教我下围棋”，这等于暴露了身份，违反了考试规则。魏明伦竟然不知道可以写剧本，也就是说，他不明白“文体自选”是什么意思。他的文章一如既往地锤字炼句，可是他谈的是“考试规则的选择”，而不属于“心灵的选择”，也只能让他不及格。晚上录节目的时候魏很不服气，崔永元时而挑他，时而打圆场。我觉得和他说不清，毕竟他不了解中学教学，不了解高考的严酷，也不了解高考作文阅卷实际操作的过程。他们也只敢做一下作文，而不敢做其他 90 分的选择题和主观试题，我估计他们连试卷也看不懂。——编导和主持人要的似乎就是这种“反差”，可是我不知道编导和崔永元的《实话实说》想达到一种什么目的。——这个话题有什么价值呢？我坐在现场上就开始走神了：与一大群不了解高考的人坐在一起谈高考作文，不该不认真，可是又认真不起来，极其无趣。

既然考试是我们时下不得不采用的一种制度，既然我们都承认这是目前社会条件下唯一比较公平的制度，那我们就没有必要同高考作对。何必拿高考来调侃呢？从这些调侃中，也可以看出，许多人根本不了解高考制度产生的背景，也不了解高考作文是怎么回事。我看到现场有些观众很外行，问为什么不找些教师、学生来，编导说，“这样才有群众性”。——高考的专业性很强，让不理解标准又不肯讲规则的人来议论高考作文的评分，能有什么结果？

如果作家问“高考作文为什么要制订评分细则”，那就如同问“足球赛为什么要有裁判”、“为什么不准手球”一样可笑。作文考试不同于文学创作，两回事。考试有细则，理解上都可能有偏差，同一篇文章，5 个人打分都会有差异，如同电视台组织评委给歌手亮分；又如滑冰、跳水比赛，一组裁判亮分也有很大的差异。如果没有一个可以操作的细则，没有一个令人信服的标准，那试卷根本没法改。

许多人只知道痛斥，只知道埋怨，只知强辩，却说不出一个能推翻公平比赛的理由。相比之下，我倒觉得中学生懂事。这次录《实话实说》时，武汉一位高三同学坦然地对主持人表示：今年我在考场上，我不大敢张扬个性，我还是老老实实地写一篇算了。这次判分，我给他的是 58 分。那篇文章写得大气，看得出考生功底扎实，读书多，他的语言表达也很见功底，唯格式有点小毛病（他每段开头全都顶格写）。后来知道作者就是所谓“王小波门下走狗”的胡坚。此前我忙于高三工作，连胡坚是谁也不知道。从北京回来后听钱理群在电话中说起，才知道胡坚已出过三部作品，是中学生中的名人。但是胡坚并没有“愤青”模样，明明是个好孩子，我真希望他能考上北大。

话说回来，在这种游戏中成人考不过中学生，很正常。因为高校选拔用的是考试方式，学生不能不受这样的训练，他们只要经过一年有效的训练，就知道要审题，知道要看清要求，就知道要估字数，他们并不指望写出传世文章，他们要的是“分”，过了这一关，新的天地就出现了，他何必要拿自己的前途去冒险呢？我的学生都知道，我平时倡导学生“自由地写”，可是到了高三，指导应试作文，不得不教他们一些俗招，以帮助他们“通过封锁线”。——作为教师，何尝希望如此？不得已也！而这些，是批评界没有考虑到的。应当清楚：高考不是成人的游戏。

在节目录制现场，还有不少人对作文命题质疑，我想这个问题就不必谈了。以前我也批评过，现在我已经不多说了，为什么呢？请想一想：全国今年五六百万考生，有六七万高三语文教师，而他们命题组也就七八个人，会有什么结果？——谁出题谁挨骂！

成都老友来电话，说起“鬼才”回成都主动公布自己的“高考秀作文”，要讨公道，但是很多行家都给他的作文打了不及格，有的连 30 分也不肯给他，可见不是我看走眼。我不知道老友们是如何劝说他的，我又说了几句话：每次我参加高考作文阅卷时，我不是有个性的作者，我是阅卷人，我必须尊重标准，严守细则，我不能代表我。这是第一句。第二句是很难听的话，但是不听也得听：高考不是个理想的制度，但是以我们目前的社会状况（尤其是人对法的认识水平），目前我们只配用这个制度！

6. 鲁迅墓前

出差上海，忙完公事，到虹口公园散步。有 5 年没来了。参观了鲁迅纪念馆，再去拜谒鲁迅墓。鲁迅一生中最后 10 年是生活在虹口一带的，正是这个原因后来迁葬于此。

谁能想到他在这里难以安息！

5 年前的夏日，在鲁迅墓前见到几个少年在玩滑板，尖叫并打闹，觉得这些孩子太不懂事，对没有人提醒他们感到不解。而此番则更出我的意外。

这一回，还没走到鲁迅坐像，便听到从墓地那边传来的刺耳喧嚣，继而所见到的一幕则让我心疼——六七十个老少男女，成群地在离鲁迅静卧地不到 3 米的地方大跳其舞，服装五花八门，舞姿怪形异状，笑叫轻狂放肆。舞者的衣物包裹，就杂乱地堆放在鲁迅墓前。如果你想瞻仰先生的墓，你就得从那群疯狂的舞者中挤过去，站在那一堆五颜六色的杂乱的衣物包裹前——还得小心舞者将你当小偷。

站在那里难过了好一会儿，我无法在这样的环境中思念鲁迅，虽然我知道先生对这一切其实是很宽容的。只是想到，我们中国人，除了吃喝跳舞，总还该想点其他的事吧。

相对于其他城市，上海的人文环境要好一些。比如，鲁迅墓前的那一大块碧绿可人的草地上，就竖了一块最富有上海情调的标语牌——“小草正在休息，请不要打扰”。鲁迅很谦虚，他未必会说自己比小草重要，他临终前曾要别人赶快去做自己的事，快些把他忘掉。但是于我们而言，何以竟不肯说一句“这里有位战士休息了，请不要打扰他”？

今后，我是否要等到夜半才能来这里，在黑暗的静寂中去和这个伟大的灵魂对话？

不需要英雄的民族是幸福的民族，但是有了英雄不知道去敬仰的民族将是不幸的民族。

7. 闻人均购书款达到九角

看某省出版业的消息，该省去年人均购书 23 元，位居全国第一，不辱“文化大省”之誉；但是除去教材和教学辅导两类书籍，该省人均购书款仅为 9 角钱，如果再从中除去乱七八糟的“书籍”，也许只剩下三四角钱了。呜呼，“文化大省”尚且如此，遑论其他？

好像是 20 世纪 80 年代初，苏联在全国征订新版《普希金全集》，达到 1000 万套，平均每 20 人就拥有一套。我曾怀疑报道有误，这不是《圣经》，不是钦定的小册子，如何会达到这个令人吃惊的数目？可是即使是报纸误加了一个“0”，也还有 100 万套。俄罗斯人对民族文化的热爱和他们受教育的程度成正比。

说到读书的话题就让人感到无奈。江苏徐州的几所乡村小学，不少学生能背诵二三百首古诗词，可是现在如果能有会背一百首古诗词的处长、局长，大约一定要领衔倡导成立什么学会；如果有个老板能背一百首古诗词，人们一定会称他儒商。诚然，能通点诗文未必代表文明素养，但是如果能识点风雅，甚或知道要附庸风雅，过于粗俗的事也许就会少一些，情感或许会纯正一些。他要真懂“谁知盘中餐，粒粒皆辛苦”，就未必好意思在公宴上糟蹋；他读懂了“邑有流亡愧俸钱”，在谋私时或许会三思而行。——我说这样的话，也许又要被讥为“理想主义者的梦呓”，凭空扣我一顶左倾或是右倾的帽子，可是也许很多人都会希望有那样的现实。

记不清是谁说的，“贫者因书而富，富者因书而贵”。盼富，求贵，目的似乎很俗，不过这总比以霸权谩骂读书人“越读越蠢”要开明。读书少，品位低，才会乱折腾。但是人均购书只有那么可怜的几毛钱，是会让喜欢鼓吹“我们中华民族自古以来”的人们汗颜的。

人总是爱感叹自己的聪明，都以为世间的一部大书——弄权、刮钱、攀附、保命、升官，等等，只要全都通明练达，即可混世，立身不败；而启智的书、修身的书、论道的书，他就觉得多余了。文化有什么用？知识有什么用？抵得上权贵的一个呵欠吗？抵得上一发“钱弹”吗？辛弃疾有词云“却将万字平戎策，换作东家种树书”，这是爱国英雄寒心到极处才发出的牢骚（简直如同诅咒），我们从中可以想见那个时代的专制加愚昧。但是他毕竟换得种树的书，那毕竟还是有用的书（想到环境荒漠化问题，我们中国现在倒是真需要一些“种树书”的）。理想与现实从来都是矛盾的，如今，能换给稼轩的也许是发财经、婚恋大全、明星的回忆或是人造美女的口述实录了——这些书毕竟也还有用，只怕再换下去，人人爱“厚黑”，十三亿人全成阴谋家，那我们中国，就真的不需要教育了。

说到读书，真让人感慨。中国的父亲教育孩子常常会有一句“学好数理化，走遍天下都不怕”的“经文”，这“都不怕”大有深意。但恰恰就是这种“都不怕”才最可怕。读书的目的如果是为了“不怕”，是为了在这个世界上有点“牛”气，那意义也就很有限了。粗俗无知可怕，更为可怕的是粗俗无知之上，又逐渐地“焐”出专横习气，以为天不怕地不怕就等于满腹经纶。我们中国，恐怕是世界上谈“读书”最多的国家，想到这一点，不知是喜是忧。

8. 书啊，书

还是前几年的事。学校给2000多学生每人发了一本《’98抗洪救灾先进事迹介绍》，书价8元。书是上面摊派的，内容全为几个月前的新闻报道。学校说，我们每人捐8元钱给灾区，家长不会有意见；花8元钱买这样一本书，可能无法向家长交代。上头回话也简单：马上要评省市文明单位了，不要贪小失大。学校经常发些莫名其妙的书，有些同事才打开就扔进了废纸堆。可是看看编者单位，都是有来头的，就是要靠权力强卖，就是要赚学生的钱！有些质量很差的教育类报纸动辄几十万印数，全靠给学校发回扣，强行摊派给学生。这是民国有学堂以来没有过的混账事，而现在比比皆是。

部里来了个处长，说起当今名流写自传成风，浪费了许多纸张和人力，也误导了读者。他湖南老家的县委书记升官进县衙后，有闲好诗文，习作盈案，无处发表，编了一厚本书——那是一本与本地有关的一些古文，县委书记“亲自把它译成了白话文”而已，应当说没有什么价值。但是书记动足了脑筋，托人弄了一个书号，印了5000本，还专门到北京请他写一篇序，因为他虽是个小小处长，但毕竟是“国务院的干部”。我觉得如果那位县委书记先生不吃喝玩乐，不乱摊派，不搜刮，不折腾百姓，而仅仅是有这么一点小小的欲望，想出一本书以求不朽，那也随他去了。我关心的是有谁会读这样一本书。那么这5000本书销路如何呢？客人说，摊派给各乡镇，中小学教员人手一册，不准不要。我这才觉得这位县委书记走了邪道。以前的山东军阀、狗肉将军张宗昌的诗也很有名，竟没想到可以用这种方法出版传世。如张将军著名的《咏泰山》，其诗云："远看泰山黑糊糊，上头细来下头粗，若把泰山倒过来，下头细来上头粗。"又有《咏蓬莱阁》，诗云："好个蓬莱阁，他妈真不错。神仙住过的，咱也坐一坐……"如果张将军也赶上出书热，要求印上一批，让山东省人民人手一册，由大刀队挨家挨户上门摊派，又有谁敢不买？

有些人的诗写得真叫作孽，做了官，胡诌也成了诗，但是诗集却能一本一本地出，卖给谁呢？譬如某官的诗，实在蹩脚，连我这个外行也看不下去了，但是有教授没出息，非要攀附，替他写序。书印出来了，卖不掉。——现在连大诗人的集子也难卖得动，谁会凑趣把官人的涂鸦拿去现眼？但是这年头有的是帮闲，竟然就有人出来，把五六千本"五洲四海红旗飘"体的"诗集"拿到本系统摊派下去。对这样的结局，照说一个有点文化的人自己应当有点数，这种事是难为人的，下不为例。可是官人出了一本，被撩拨得上了瘾，一本一本地出起"诗集"，并以诗人自居了。倒楣的是下属机关的办公室忙着卖废纸。不信你到那些单位去了解一下，虽然当时不得不故作庄重地谈了读诗的"体会"，而如今有几人把那些"诗集"珍藏在自己的书屋中？

不久前在一家出版社遇到一作者对编辑主任谈书稿的事。作者可能是某大企业的宣传干部，印的是该企业的经验汇编。书前面好几页都是图片，内容多为各级领导干部视察该系统以及与厂领导的合影照片。作者对编辑说，这张和 ××× 的照片说明有点麻烦，"署名'代省长 ×××'的印 1000 册，然后再排一个'省长 ×××'的，印 5000 册"，因为 ××× 的省长位子，明年人代会才能通过，现在卖一部分，人代会以后再卖一部分，那时他也扶正了……编辑先生是位稳重的书生，说："这种事我还没遇到过。代省长就是代省长，这是事实，即使转成'正'的，那也是以后的事。我看没有必要改。"作者说："你不懂官场的事，以后 ××× 看到自己名字前面的那个'代'字，可能会觉得别扭的。还是照我们的要求去做吧。"编辑问，万一明年的人代会上通不过呢？作者说，怎么可能呢？嬉笑着走了。

这种“一书二制”的事，可能你也是第一次听说吧。这位省领导也许不会想到有人在照片说明上做这种手脚。他确实是在“代”的时候去该单位视察的，可是竟然有人因为怕他忌讳那个“代”，而想出这么不老实的办法取悦他。

文人不是叹息“出书难”吗？中国古代有“学而优则仕”，学问高了自然要货与帝王家，官与文人一体，就不会存在“出书难”问题；而清高文人就得干瞪眼。在出书问题上，一流文人并不如三等官僚有其方便，只是如果人家兴趣不在舞弄文墨以扬名，而在于划拳行酒令的话，就更得干瞪眼了。

纸啊，你是无辜的，虽然你不再洁白。

9. 冷眼看“减负”

有报道说自“减负”后，儿童患病的增多，据说是因为减了负担，人反而多病了。听这意思，好像是说我们中国的孩子们真是很“贱”，不配有幸福快乐。又有报道称孩子们在减负后不知道如何打发时间，连玩儿也不会，百无聊赖。还有报道称，新华书店的习题集、练习册零售额上扬了百分之二三十。再就是个别学校恢复了星期六补课，因为家长强烈反对学校减负，认为小孩子就是要奋斗，否则以后连起码的生存能力都没有，找不到工作。

有家长说，这些年名牌大学女生连一般的工作都难找，更不用说一般的高中女生了，所以只有拼了命考上名牌大学，还得读到博士，还得准备出洋镀金，所以一天也不能松。

在学校里问一些学生对“减负”的看法，结果是戏剧性的。这些学生自称“久经考试的革命战士”、“卓越的作业处理机”、“京师九门提督”(那一年高考是“大综合”，一共考九门)，宣布他们早已胸有朝阳，准备把牢底坐穿……另有同事说，教育局有个负责干部，刚在会上声色俱厉地说要减负，转身回家就打电话托熟人为自己的儿子分别落实语数外三个学科的家教。

“减负”通知下达后，家教市场火爆，习题集、练习册市场也并没有降温（不信可在节假日到新华书店实地考察)。家长中持不同意见者非常多，我就亲耳听到家长骂教育部的“减负”是瞎指挥，理由是大学招生制度没变，考试与录取方法没变，“哪个学校先‘减负’，哪个学校倒霉”！

远在20世纪30年代，林语堂就呼吁减轻学生作业负担。（我估计他还不是最早说这话的。）早在50年前，中央人民政府教育部发的通知，要求减轻中小学生作业负担。也就是说，学生作业负担重的问题由来已久，并不是改革开放后才出现的。而改革开放后，教育部关于“减负”的通知，截至今年（2001年）先后大约发过49个，与中共中央、国务院关于“严禁公款吃喝”的禁令数量相差不多。从另一方面看，我们也应当认识到这个痼疾不是靠一纸通知和“三令五申”就能解决的。同时我认为，仅仅提出“减负”的口号远远不够。当前的问题并不在“过重”，而是在于不合理。该强调的，没有分量；该减轻的，没减。

我从教多年，深知学习负担过重与杀人无异，可是多年来我们的呼喊无人理睬，关于“合理负担”、重视人文教育的建议也很少有人理睬。现在总算有了点回响。但是中国的事就怕“一阵风”。我主张“减负”，但是我认为要有相应的积极的步骤。我也知道矫枉过正是不得已。这里想提请读者注意一个事实：即使在应试教育最猖獗的时候，教育素质高的教师也很少给学生增加不必要的负担。因而我认为，学生课业负担重，主要是教育者素质低下造成的；因为教育者的素质低下（当然也包括教育管理者的素质低下），对教育本质也就难有正确的理解，邪门歪道就应运而生。有些教师，你让他“减负”，等于砸他的饭碗，因为他除了靠加重负担“镇”住学生之外，并没有其他“招数”，他缺乏教师最基本的学养。有些教师，举凡对学生管、卡、压的方法，他全会，但他就是没有办法让学生喜爱他所教的学科。比如语文课，他上课不知所云，他能把一篇课文肢解得惨不忍睹，他能把一本习题集弄得滚瓜烂熟，他能逼迫学生把一本书除了定价全背下来，他的学生语文高考也能考出个过得去的分数，但是他的学生个个恨语文，怕语文！——这种现象，屡见不鲜，而这样的教师照样当先进，当模范，甚至成“专家”。从文化继承上讲，这种教育实在是“断子绝孙的教育”！“减负”了，“减负”以后教什么？有这种教师占据课堂，有热爱“狠抓”、“死揪”的家长在，学生的解放还早着呢！

我在外地支教，有一天报告结束后，一位衣着朴素的山区青年教师在会场外等我，想和我说几句。他说："你报告里说的我全明白，我知道你的观点和做法是正确的，可是我没法做到。我在乡村中学，校长的评价标准只有一个：高考成绩。我是聘用教师，低人一等，在年级里当不到第一就会解聘，所以校长每次都从高二选最差的班交给我带。我累得不得了，心里也痛苦得不得了，我只有拼命逼学生。你一定认为很落后，可是如果不这样做，我就会失业，一家老小就靠我一个月几百元钱，你说我该怎么办？"

我对他很同情，问："你的学生喜欢你的语文课吗？"他有点犹疑，也许不明白我为什么要问这个问题，说："学生可能不是很喜欢，但是家长喜欢我，因为考试成绩上去了。"我说："那你的首要任务当然是生存。"这位教师的苦恼也是多数教师不同程度面临的难题。如果鼓动他们不惜个人利益去适应教育教学改革，是不现实的。事情过去好多天了，我在想，如果有一天他不再是聘用教师，而是校长，会不会放弃这些落后的做法呢？看来也许只能步前校长之后尘。天不变，道何以变？

我们冷静地审视教改风云人物，有几个不是靠当"两面派"起家的？有人参观全国教改先进学校，无意中发现该校高二到了7月31号还在补课，而校长仍旧大言不惭地介绍课改经验。曾有人评论，说现在的校长们早就没有诚信方面的顾忌，翻手为云覆手为雨，不过是把"素质教育"当成西装，而把"应试"当作背心、短裤而已。此说大有深意。他们的"政绩"究竟体现在哪里？他们究竟是怎样贯彻"素质教育"方针的？如果大家果真是"一贯重视"，何至于出现全国性的课业负担过重的状况，并发展到屡次"惊动"国家高层领导人的地步？还有，到底谁从过重的负担中得到了好处？发了"负担财"的到底是些什么单位、部门？如果认真落实"减负"，就不能回避这些问题。甚至可以这样说：现在给中小学生"减负"的人，也是当年被沉重的负担压迫过的人，当是有切肤之痛。

问题在于:赶跑皇帝以后,是改革宪政、民选总统还是再来一个袁世凯?

况且，我们中国并不是一个重视教育的国度，国民素质还很低，落后的教育观念还相当顽固，因而“减负”绝非朝夕之功。现在还没有多少人在讨论“‘减负’以后怎么办”,中学的人文教育已经相当薄弱了（一些校长连“人文素质”的内涵也没搞清，不信可以考考他们），而一说“减负”，有“重理轻文”传统的学校更是丧心病狂，借刀杀人，试图进一步砍削人文学科教育内容。这些问题,都应当尽早引起全社会的注意。

所以，我对于“减负”的期望不高。

10. 桃李愁风雨

我无诗才，不免会歪解前人的诗。比如黄庭坚的“桃李春风一杯酒，江湖夜雨十年灯”，我特别喜欢，不为别的，想自己也算久经“江湖夜雨”；而执教以来，能让自己感到欣慰的，则是我的“桃李春风”。有一日见作家某先生大文，称梦中得“桃李春风一杯酒，江湖夜雨十年灯”佳句，更因为防梦外有梦，竟申明专有，不肯与人共美，终于贻笑大方。以后一想到这两句诗就不能不想到这一段趣事，也就多了一笑。另有“城中桃李愁风雨，春在溪头荠菜花”，也是有“桃李”的好句，我对此也作过自以为有趣的曲解，但是毕竟是一厢情愿，“桃李”会领你的情吗？

新春的时候，接到不少学生的问候电话。曾有人说过，当教师最大的幸福就是桃李满天下，总会有人想着你。这话固然不错。教师就应当是不灭的灯，不是蜡烛，燃尽拉倒，也不是手电筒，要用的时候可以任意拧亮。社会总把教师这种职业比喻得不尽恰当。有些教师也哗众取宠，曾听某教师激动地宣称“学生是我们的上帝”，我想他一定是把自己比作商店伙计了。

很无奈，我们对学生的教育不过是阶段性的，也就是说，“照亮”过一阵子，后来就未必管用了。学生初入社会，满是喜悦，过上一段时间就会说，在学校里把社会想得太美好了，没想到社会如此阴暗复杂，然后迅速脱离清高。曾有学生在作文中写道：一个人不能没有好教师，但是以教师为职业则没必要。——我起先惊讶于学生的世故，用这种话“不小心”“擦伤”教师，后来总算明白：就总体而言，学校教育目前还不是社会风气的对手，更何况校园也早就不是净土。偌大世界，从来就难有理想主义者做梦之地。

有学生在京城当上处长，偶尔来电话就爱说他新近又见到某高官了，他享受的待遇又加上什么项目了。我觉得，教师要了解学生，他的学生也理解教师，这个教师才是合格的教师，所以我不得不常常自谴。比如有处长学生敢问“你怎么还是教师一个，没个一官半职”？同时开导我：做具体工作太苦太没意思，“搞管理工作才是正途”；接着不知为何又谈到为灾民捐款“没意思”。——我想不到学生敢对教师这样说话，也知道倘若我发出小子可鸣鼓而攻之的命令，门生也许以我为孤陋。我在祝他飞黄腾达后放下电话，想到权力这种东西真是厉害，一个人有了点权力，就敢向他老师的人生观价值观挑战了。但是我不能耍赖，说那不是我的学生。他在校时，我的确没听到他发过鸿鹄之慨，他是不是从“粪土当年万户侯”中嗅出了别的味道？又有当军官的学生告诉我，他每年过年准备探亲时，行包都被有各种愿望祈请的部下塞满了礼品，而现在则开始送钱了。他说话时用的是无奈的口吻，但话语中也不无得意。——这年月，能够收受不明之礼似乎也是一种可以显摆的资格。有学生曾劝我“凡事不必认真”，而以前他是个很有自尊的人，听说现在连老同学去找他办点事，也不得不备一份厚礼。

我就此想起清初旧事，记得不甚清楚，好像是先生反清不肯投降，已经留了辫子的学生苦口婆心地来劝他剃头。当然也有反过来的事。民国时奉系军阀攻涿州，傅作义死守；张学良久攻不下，就把傅作义在讲武堂的老师请来了，老师劝傅放下武器，傅执弟子礼，说：“我跟老师学军事的时候，老师没教过我投降，所以学生难以从命。”

社会风气不好是事实，但是如果因为风气不好，就同流合污，就蹩进鲍鱼之肆，则是本身素质的问题，不能全赖到社会风气上去。再说，我的老师没教过我投降，我总不能摇着白旗跟在已经叛变的学生后面亦步亦趋吧？

11. 费解

有媒体报道贫苦工人不顾自己重病，抚养女儿上大学的感人事迹。这样的新闻，可能是为了唤醒社会注意，号召扶助贫弱。记者在做这篇文章时，大约是想把读者的眼泪搞出来。我能够理解记者的冲动。不过我估计记者还年轻，思维也比较简单，再说，类似的报道多了，也让我有所不解，故而并未落泪。

不久前也有类似报道：一位农妇的三个儿子都上了大学，就靠她拼命劳作并借贷供养；而三个儿子又“特别争气”，先后考上了研究生，而此时家中已经一贫如洗，母亲疾病缠身，全靠政府和乡亲救助。一户农家出了三个硕士固然让人羡慕，但是这三个只知读书不知帮母亲分忧的儿子以后又能干什么，我就不敢说了。记得看过一部电视片，也是介绍一位农村妇女，含辛茹苦，超负荷地劳作，到处告贷，把丈夫的弟妹全部抚养上了大学，自己病累而死……这类故事层出不穷，说实话，我有点烦了。——记者究竟是为鼓励青年立志成才，还是向社会呼吁注意大学生贫困问题，我不清楚。我的疑问是：为什么那些人不顾“国策”，偏要生那么多孩子？为什么他们不顾经济承受能力偏偏要让子女读大学？为什么子女忍心让父母超负荷劳作乃至活活累死，也要去得那个硕士、博士？这些有劳动能力的青年为什么就不能首先考虑生存问题？一个没有自食其力意识的人，即使读完了大学，会不会感念帮助过他的人？……

沈阳有位靠捡垃圾攒钱帮助了 20 多个大中学生的老工人曾不无伤感地告诉记者，那些学生毕业后没有一人来看过他，或是以任何形式感谢他。这样的结局让人难以理解，是不是该从社会心态上找找原因，从中国人的性格上去找原因，不敢说。

新近又听说了这样一件事，有个农村孩子跨市报考省城名牌中学，按规定要交纳 15000 元的费用。此前当地县中已经免费接受了这位学生并提供奖学金，但是这位家长拒绝了，他认定只有省城名校才能实现儿子的清华北大梦。然而家长把孩子送到学校后，告诉校方，他无力交纳这笔费用，只能交十分之一。校方也不解：贫穷至此，何必要放弃县中所给的待遇呢？家长却信心十足，他坚信省城学校是讲仁义的，教师和同学是不会袖手旁观的。后来一切都在他的预期当中。虽然校方和教师也有所捐助，却不免怪异。20 世纪 70 年代末我在大学时，学校组织勤工俭学，一些农村同学不愿意参加，认为丢面子，他们宁可打报告要求助学金，要求补助，也不肯在校园里扫地。而如今说到劳动习惯，同样是学生，农村孩子的劳动观念不一定比城市学生强，有的学生从小学到高中毕业，寒暑假非但不下田劳动，连三顿饭也要父母动手烧好。

社会上能上大学的人毕竟有限，既然暂时没条件，晚几年上大学也无所谓；不是名牌也没关系，因为你需要的是知识和能力；再说，不顾家庭条件，忍心让父母超量付出，不是大学生应有的素养，那样的选择也许会留下终身悔恨。

对贫弱者的同情和怜悯，是人的基本感情，又因为是爱的付出，总还是圣洁的，最不应当被玷污，然而偏偏也最容易被玷污。人们会继续帮助贫弱者，但是受助者也应当自尊自强，由于目前参与社会救助的人大多是收入不高的普通劳动者，因此也可能造成一些受助人的心灵负担，实乃不得已也。如果受助者以自我为中心，认为一切理所当然，就有可能破坏社会伦理，造成新的矛盾。常有记者含蓄地批评人们的冷漠，其实有些深层原因，要靠三省而后知。

12. 考场何时能清白

10多年前，有位高三毕业生被保送到一所著名大学。名单公布之后，有同学举报，说她每次考试都作弊。学校很重视，找学生开座谈会，并分别找同学了解情况，发现问题严重：这位学生的确多次作弊，而且该班作弊成风。更让人费解的是教师说的话，他们说，这些学生本身成绩不错，“根本没有必要作弊”。

近年学校整治作弊使用铁腕，一旦发现，不留情面。有些高校甚至有更严厉的措施，学生只要一次作弊就要失去学位甚至取消学籍。看到每年有那么多学生因为一念之差而遭受如此之重的处分，蒙受耻辱，教师不可能，也不应当无动于衷。然而非此不足以正学风（有教师曾痛心地说“宁教一家哭，不教一路哭”），只是情况并没有因此好转，看来不能不从社会风气上去找原因。

要求学生清白考试，是考虑到他们以后要走上社会，如果他们漠视基本的道德准则，那就意味着他们不可能成为诚实的公民，甚至有可能成为藐视社会公德，妨碍社会公正的人。——这个道理谁都明白。然而社会是否给他们提供了恪守道德准则的环境呢？

还是以考试为例。大约在20年前，我供职的学校作为党政干部大专自学考试考场，在一天的考试中，教师查获几十名作弊者，这些人都是机关或企业的干部，甚至有现役军官。在接下来的谈话中，几乎所有作弊者都忿忿不平地认为“监考太严”，摆出一大堆荒谬绝伦的“理由”。记得有教师气愤地责问被查获的某厂党办主任：“你在厂里有什么脸去教育职工？”有位青年教师负责会计职称监考，担心出现尴尬事，先打招呼，说："你们的孩子在这间教室里一直是清白考试的，我请求你们保持这间教室的清白。"话音刚落，教室里一阵哄笑，几个中年干部恬不知耻地说："那是我们跑错教室了啦！"

现在信息丰富，学生什么都能知道，类似上面的那些考场丑闻早就不是新闻。举凡一切涉及评价的活动，常有鲜为人知的内幕或是众所周知的"潜规则"，递条子、打招呼、拉关系、通风报信、行贿索贿、黑箱操作……无奇不有，而一旦事发，多数是不了了之。就连教育界的各种评比，也永远认真不起来。社会舞弊成风，学校也是污迹斑斑。校长谎报政绩，教师抄袭论文，和学生考试作弊有什么不同？成人社会污浊不堪，处处舞弊而人们习以为常，相比而言，中小学生考试时夹带小条子或是偷看一眼别人的试卷，就要重办，岂非窃钩者诛？

虽然教育者理直气壮地说，从小要学会爱护名誉，要严格要求自己，要清白考试，但是如果社会不以诚信为荣，无法提供一个诚实公平的环境，在提倡一套的同时又容忍另一套，那今天的教育所做的一切可能都将是徒劳的。

怎么办？

13. 老总，谢谢你的关心

教师节那天，来了个记者，问我几个问题：学校有多少教师在今天收到礼物，礼物标准如何，有没有学生家长送钱给教师，有没有教师接受学生家长的“大件”……

在我的办公室里，大家收到一些贺卡，学生写上了许多美好的祝愿；我还接到不少电话，有位毕业多年的学生按例让花店送花来。没有人请我去吃饭，即使请我，我也不会赴宴，理由很简单：不习惯。至于有没有人给教师送钱，我不清楚；不过，我不敢相信会有这样的事，理由也简单：一位有自尊的教师如果一念之差收受学生家长的钱，他在学生面前能不能抬得起头来？这一点，我比记者先生清楚。

看新闻报道，知道一些教师做的出格事，也颇费解，无法想象他们是怎么教书的，可能还是自身素质问题。现在都喊尊师重教，社会对教师的道德要求也很高。看市民当街争吵，人们习以为常，甚至会觉得那是中国社会特有的风情；教师当众发点脾气，记者就嗅到了特殊味道……

有教育局长说，市民评行风，对教育的意见很大，教育局排名落后。不过局长表示没有太大的精神负担，因为几乎家家有中小学生，学校里面有什么芝麻大的事，家长总是怪罪教育局。教育局就这样“含冤工作”。我看到一封家长写给学校的告状信，要求学校撤换孩子的任课教师，威胁如果不答应的话，就告到教育局。教育局最怕收到这种告状信，只要收到，立刻会批转给学校处理；因为有“行风一票否决”，与校长们的官运直接挂钩，此类事也就雷厉风行，倒霉的又是教师。不过，如果社会对教师的工作缺乏正确的认识，最终倒霉的是谁呢?

在这个教师节,我再次想到教师是不是“弱势群体”的问题。比如，报社想到要了解教师在这一天“行风”会不会出问题，就像关心节妇烈女的名声一样，派出包打听，向学生套情况，向老师套情况，似乎很怕教师收受礼物有违师德,从此不能做人。虽然我也知道有教师道貌俗心,搞起钱来不顾体面，可是他们有保护自己的能力，而那些没有保护自己能力的，无意间吃了学生一块巧克力也是有可能被登到报纸上的。从理论上讲，官员要接受传媒的监督，可是市级报纸想批评一位小小的科长都不是一件容易事，但是想批评一位教授则不需要谁批准。——这也就是有的记者一不小心就能在教师面前气壮如牛的原因之一。

我思想走了神，没听清面前的这位记者还问了什么。但是我托记者带了几句话给他的老总:你们这样关心教师的心灵，谢谢了;你们报纸的形象读者是清楚的。你们的记者已经不拿被采访单位的“辛苦费”、“跑路费”、“稿费”了吗?你们的报纸上那些暧昧的企业形象工程（或称“软广告”）已经不收费了吗?为什么你们的报纸从来不敢碰那些与贪官有勾结的地产商?……

这次来的记者还是个孩子，胸无城府，无话找话地告诉我:“红包”的一半是要上交给部里的。

14. 这不是尊重，是歧视

有家长向学校提意见。她的孩子学习上有些问题，班主任很关心。有一天放学后，班主任在校园里找她孩子谈心。谈着谈着，班主任的手机响了，他说了声“对不起，我接个电话”，接了电话后，继续和学生谈话，这件事就过去了。没过几天，家长找到校长，批评说老师修养差，与学生谈话时竟然接手机，这是对学生的不尊重，影响很坏。校长认真地把这番话在大会上转述，认为家长的意见正确，但是立刻遭到教师的强烈反对。大家认为，教师课余时间开导学生，在校园里接了一次手机，这没有什么可指责的，没有任何一条规定禁止教师课余时间接电话，也没有任何一条规定要求教师在与学生谈话时不得停顿，更何况那位老师接的电话仍是家长打来的。

对教师超常的道德要求总会引发强烈的对立情绪。上面说到的那位家长，实则上对教师的职业缺乏尊重，她是把教师当作仆人了。其实即使是在前两三个世纪，有教养的贵族也不会歧视家庭教师。这位家长就这样的问题指责教师，恰恰说明在她的心目中教师是没有地位的，说明她的教养是有问题的。

在这种错误思想的影响下，孩子也不可能尊重教师。教高三的老师总是非常辛苦。到了中午，同学总要围着教师问问题，等到老师回答完，已经饥肠辘辘。有次看到一位老教师被学生围到十二点半还不让走，学生轮流买饭吃饭，没有一位学生关心老师的午饭，甚至也没有人请老师坐下来讲。我看不下去，说了几句，请他们先让老师用饭，下午再到办公室去问，竟有学生回答“我们忙，没有时间”！——天哪，什么时候，我们的“师道”被“尊”到这种地步？某天有位女教师刚刚热好饭，才吃了一口，来了个不认识的女生，说：“我有问题要问。”教师客气地说：“你能不能稍等我一会儿？我饿坏了。”女生面无表情地问：“你要吃多少时间？”教师说：“我顶多 10 分钟。”女生说：“好吧，我就在这里等着你。”这位已经吃饱了饭的学生就守在教师的办公桌边，让教师食之不得下咽。看到这一幕，我不能不用一种悲悯的目光看着那位女生，我很难想象她的家庭教养水平，也很难想象她以后能为人妻、为人母……

说这些事真是不得已。不错，教师的职业需要做出奉献，但是任何一种职业都有自己的尊严。教师要严守师德，正身为范，但是教师也要捍卫职业尊严；更严重的是，我们的教育目的是培养人的，如果我们培养出的人缺乏起码的文明教养，那正是我们的失职！社会对教师的道德要求高，我不认为有什么不妥；但是如果把教师当成可以随意使唤的仆役，不仅是对教师这一职业的侮辱，也是对文明的亵渎。

15. 谁“赶走”谁

在深圳的一次教师座谈会上，有老教师愤慨地说起一件事：有家报纸在头版登载几幅乞丐街头乞讨的照片，旁书大标题《把乞丐赶出特区》，招致读者的反感。听完之后，议论者很多，有的认为，世界各国都不敢说能够解决乞讨问题，特区也不过发达十来年，根本没有能力解决。那么“赶”就是最好的办法吗？再说，把乞丐赶到哪里呢？都是中国人，这样办事，文明意识何在？人道精神又何在？如果特区无乞丐是靠“赶净撵光”实现的，我相信世界上没有一个文明国家敢起而仿效。还有一个问题：何以见得这些乞丐不是特区的“地产”呢？

虽然乞丐的情况非常复杂（其中不乏懒惰者），但是一个城市街头有几个乞丐，并不见得是坏事，这对勉励人们珍惜饭碗，勤奋工作，未始不是一种激励；对吃皇粮的官吏，是一种压力；对观光者而言，乞丐能走上街头乞讨显示的是一种社会真实。那么凭什么特区就不允许乞丐有生存的权利呢？

要说的话很多，但是又有点说不出。如果这“把乞丐赶出特区”被敌对势力接过去，是会好好地做一番文章的，这一点，主管部门是深谙其事的，为什么就没有人对这种报纸管一管？

我又记起20多年前那篇引起广泛争议的上海中学生的作文——《大光明不光明》，也是为了乞丐问题。和那时相比，现在社会贫富差距加大，如何教育青少年做出正确的判断，我认为是中学教育的任务。如果下一代没有同情和悲悯的情感，经济的发展将会给我们带来更多的困惑，因为从现在的发展趋势和社会风气看，未来的贫富差距会更大。我们的下一代会不会变成没有同情心的冷血动物呢?

想起另一个故事，有人认为是小说，我估计是亲身经历。有一次，屠格涅夫走在街头，遇到了一位老乞丐，屠格涅夫习惯地伸手到大衣袋里摸零钱，老乞丐双手合十，说“老爷，谢谢您”；哪知这天屠格涅夫换了一件大衣，他一个铜子儿也没摸到。于是他抱歉地握住老乞丐的手，说：“兄弟，实在对不起！”老乞丐满怀感激地对他说：“不，兄弟，你给我的已经很多了！”——作为所谓上流社会的一员，屠格涅夫称乞丐为“兄弟”，让老乞丐感受到了比金钱更贵重的对人的尊重。屠格涅夫肯定从没想过要把乞丐赶出彼得堡，这可能是他作为“批判现实主义作家”落后于21世纪某些“党的新闻工作者”的地方。

韦应物的名句“身多疾病思田里，邑有流亡愧俸钱”(《寄李儋元锡》)，让我感慨多年。我想，即使要把一个人从什么地方赶走，要提也只能提“把贪官污吏从政府里面赶走”——估计提出这样的口号不会有什么异议；“把吹牛拍马者从政府中赶出去”——估计这样的提法也能站住脚。然而，有哪一家报纸愿意登这样的口号呢？舆论没能有效地监督官吏，却把重拳对准了社会最底层的乞丐，无奈乞丐未必会花钱去买报纸接受教化。这真是一件让人哭笑不得的事。那家报纸的经济效益不错，编辑、记者的收入之高是乞丐绝对想象不出的。如果一位乞丐实在是因为不得已而乞讨，他还有良知，他还知道羞耻，那他还有希望；如果一家报纸对该说的不敢说、不肯说，不该说的偏要说、瞎说，那就既没有良知也没有羞耻，也就不如有羞耻心的乞丐了。——培养乞丐的自尊，有待经济的进步发展；如何教育报纸有自尊，对我这样的老百姓来说，真是难题。

而一想到我们的学生有可能因为错误的宣传而学会在人民的疾苦前闭上眼睛，我就感到愤怒。

16. 有缘有故论吹牛

某次听报告，听到一组数字，说到义务教育指标完成情况，称“普九”已经达到98%了。我看看周围的人，都无动于衷，好像这件事的确完成得不错似的。我不知道这个数字是如何统计出来的，我真想看看那帮统计官员的嘴脸，怎么说起谎来脸都不红。只要稍微有点常识的都该知道，在中国广大农村，现在连“普六”都没达到98%！

我之所以特别憎恶吹牛者，是想到当今孩子们思想混乱，他们的许多错误判断正是来自吹牛家的胡说八道。牛皮家吹出的任何东西，都有可能搞乱学生的思想。

小时候并不讨厌听别人吹牛，一是因为自己知道的东西太少，二是没有吃过吹牛家的苦头，三是童年生活寂寞。更兼那时的吹牛者，不过是为表现自己见多识广，并无“得利”的企图。1958年之后，逐渐发现世界上有无缘无故的吹牛，有缘有故的不吹牛，更有有缘有故的出于私欲的吹牛。而既想赞颂别人吹牛，又可免受吹牛之苦，难。

我们曾什么都“贫”过，唯独不“贫吹”。并没有人办“吹牛大学”、“吹牛训练班”，但从来就不乏吹牛家。只要留心，每天都能听见有人面对公众涨红了脖子指天划地大言立誓，每天都能听到官僚把一粒芝麻说成西瓜。你听得多了，必然不再激动，而只盼望耳根清净。老年人为什么总是狐疑，不爱激动？你去问，他听过的吹牛比你们亲自吹的牛还要多！五六十岁的人，谁没有一段被吹牛家坑害的经历？

如今在我们中国，吹牛如吃饭睡觉一样，简直成为一些人的生存基本需求了。做生意的长于吹牛，情有可原，尤其是当今此伏彼起的商战，参战者都以老实为耻；但为政则是不能不老实的。我想为政当有这几种现象：只做不吹，多做少吹，先做后吹。然而见得最多，也最让人烦的，就是那些“只吹不做”。吹牛家往往是顾头不顾腚，最禁不起掀老账。比如，我们可以问他：去年年初你信誓旦旦提出的“十件实事”完成了吗？去年开会时你拍胸脯说的“开拓大计”有眉目了吗？你指天划地立誓要拼命去完成的数字指标是怎样统计出来的？你在报纸头版头条上向市民的许诺全兑现了吗？

总是听到嘶喊，总是听到锣鼓喧天，总是看到让人眼睛一热的口号标语，而最后，不过是让我们看到吹牛家面不改色地青云直上，丢下一大堆问题让人民去思考。

陈景润研究哥德巴赫猜想，用尽最后一分心血，终于让这一研究朝前迈进了一步，光耀后世。他踩在前人的肩膀上，也留下了可以让后人踩稳的肩膀。可是据说中科院数学所和一些高校的数学系几乎每个月都有人来宣称“解决了哥德巴赫猜想”。是吹牛吗？也不尽然，多是无知。无知，也就无所顾忌。哥德巴赫猜想毕竟一时还不可能变为生产力，谁要吹牛说他解决了，我们可以不睬他。可是事涉国计民生的统计数字，竟然动辄被放大 10 倍 20 倍！具体例子不想举了，反正“官出数字，数字出官”在我们中国早就不是什么秘密。而作假成风，最不幸的是使百姓对任何数字都本能地怀有一种警惕，社会公信度大大下降。为什么至今没能把伪造数字的人送上审判台？这一直是让人大惑不解的一个问题。伪造统计数字，导致国家决策机构判断失误，导致经济建设出现错误，导致人民生活出现困难，实在是弥天大罪，比杀人放火抢劫的后果还要严重，因为它的影响广泛、深重，难以挽回。

汉文帝时，云中太守魏尚多次击败匈奴，但是他在一次战役后向朝廷申报战绩时多报了 6 颗首级，事后被发现，判了重罪，罚做苦役。直到后来边塞无得力将领，文帝才听从冯唐的建议重新起用他。区区 6 颗首级！这在一次战役中算得了什么？魏尚不是吹牛，天高皇帝远，他要是吹牛邀功，为什么不像当今的官僚那样，把数字放大 10 倍、100 倍？可是当时朝廷竟就真的“一是一,二是二”，认真到如今发达国家的政治也难以企及的地步。我总是记得这个例子，也由此感叹过汉唐的伟大辉煌。

17. 看歌手考“综合素质”

学生说，中央电视台一年一度的青年歌手大奖赛考“综合素质”，“说的比唱的好玩”，笑话闹了不少。说有不少人，歌手演唱的时候他在那里玩电脑游戏，做家务，轮到歌手回答问题了，他就跑过来，看青年歌手张口结舌，不如小学生懂得多，便大笑，于是有了一种满足感，认为天下英雄唯操耳，自己的职称级别可不是混的。

我不大忍心看青年出洋相。即使看到人家出洋相，也不和他春风得意时作比较，因为这不能相抵。固然他们参加比赛都期盼能占尽风光，但是也有风险——如果在全国观众面前表现出自己的无知，这将是多么难堪的事！

有歌手公开表示不能接受综合素质考查。他是个唱歌的，问他科学家是干什么活的，他说不出来；问他中国有几个平原，他说不出来；问他 WTO 是什么意思，他答不上来……顶多说此人许多事不知道，还不能说他没有吃饭的本钱。评委认为有些题目只要平时看看报就可以知道，我看未必。有些问题，报上说得未必准确，所以我看报纸也就不太认真；你如果拿有些问题考我，我可以肯定地告诉你：我未必会照报纸上的话回答。

现在让我们换个思路看问题：如果我们用考青年歌手的题目来考考现今的一些干部，他们的成绩能比歌手们好些吗？

十年前我无意间先后问了 20 多人：什么是“四项基本原则”？结果这 20 多个科处级干部没有一个人能准确地把“四项”说出来，偶尔几个人即使凑出了“四项”，但是顺序又搞错；而他们一天到晚把这六个字挂在嘴边！

可是我们再换个思路，要是考一考与业务素养无关的“知识”，我估计那时候你一定会知道什么叫作“英才荟萃”、“新人辈出”：玩经捞经跑官经，这是一般人能读得懂的吗？

所以听到对青年歌手综合素质考试的一片嗤笑声之时，突然想到，他们还是有勇气的。前不久在报上看到某地党校在职干部研究生入学考试，因为监考太严无法作弊，竟然有三分之一的考生退场；又闻某地成人考试不得不拨打“110”请警察来监考，我就觉得一位歌手答不出“三大平原”或“WTO”，真不是什么不得了的事。

问题也就这样出在对青少年的教育上，整个成人社会，都不肯好好地读书学习，而生活在应试教育阴影下的中小学生，每天要读书学习十几个小时，还经常要被那些混账大人作为教育对象训话，俯首帖耳，凭什么呀！

18. 走近雷锋

在我们中国，只要是略微有点常识的人，有谁会说他不知道雷锋？

我们中国人，在遇到麻烦，需要他人相助时，有谁不想雷锋？

雷锋活了 22 岁。知道雷锋这个名字时，我只有 13 岁。今年我 50 多岁了，而雷锋永远定格在 22 岁上。

关于他，有说不尽的话题。前些年听到的是雷锋除了存款，还有英纳格手表、皮夹克和毛料裤（这在当年可是一笔不小的财富），后来又听说有过“对象”；今年的最新话题，是质疑雷锋这样一个普通士兵，生前为什么会有那么多的活动照片？会不会是配合当时的政治需要而展开的宣传？……自从他离去后，在每一个历史时期，他都会被提出来做话题。人们总会用自己的主义、思想去理解他。每年到了 3 月 5 日，他又会成为话题。

最有意思的也是最不能说破的一点，是为数相当的中国人希望除了自己之外，人人都是雷锋。20 世纪 80 年代初的一个 3 月 5 日，我在南京山西路广场看到青年学雷锋活动，有义务替人推拿治病的，有修理自行车的，有替人理发的，还有人帮助居民补锅盆。有几个老太婆把家里锈烂了的搪瓷盆拿来给小青年换底，小青年觉得实在没有修理的价值，为难地说:“大妈,我买一个送你吧！”大妈气愤地回答说:“你还学雷锋呢，怎么讲这种话！”到了 20 世纪 90 年代初，有人告诉我，星期天他们单位团组织学雷锋活动，每人补贴 5 元钱，还发一份“纪念品”。

40 多年来，雷锋被各种各样的人谈说，说着说着，雷锋就成了神圣。雷锋被神化，人就没法学他了。学雷锋变为一种活动形式，则一定走样。

真理往往是最简单的。在我看来，很简单，最好还是让我们走近雷锋，因为雷锋是人不是神。雷锋努力想做个好人，他成了一个只想做好事的好人。在雷锋的时代，在他的理想中，“好人”就是“毛主席的好战士”，所以雷锋当时的思想可以理解。如果雷锋活在今天，他依旧会是个大家都喜欢的人。我能理解雷锋，我没把他看成神。如果我和他相识，能够对话的话，我和他不但有性格上的差别，也会有思想认识上的分歧。我不一定赞成他的每个举动，他的一些言论我难以苟同，但是我会很尊重他，因为他是一个能实践自己诺言的人，一个知道人活着不是为了自己的人，这就够了。对我而言，雷锋是谁？他应当是一位相濡以沫的朋友，一位乐于助人的憨直的邻居，是可以信赖的同事，乃至是某个孩子的“教父”……他就应当在你的身边和我的身边，这样，当我说起雷锋的时候，我就会有一种亲切感。

我很欣赏苏联时代一篇报道的标题——《这就是一个人所能做到的》。报道介绍一位潜泳世界冠军，他曾 20 次打破潜泳世界纪录，在一次事故中，他 20 多次潜到深水中，从落水的客车中救出了 20 个人，身负重伤。文章写道：“他从死神手中夺回了 20 条生命。在体育比赛中赢得 130 枚熠熠发光的奖章，与从死神手中哪怕仅仅夺回一条人命相比，算得了什么呢？……他舍生忘死的高尚行为使那些袖手旁观、无动于衷的人良心不安……他舍己救人的英勇行为深深地教育了所有在场的人，使他们懂得，一个人能够做到的是什么。”是的，一个人能做到什么，他就是什么样的人。

写完上面的话，我再一次想到，雷锋是平凡的。不需要英雄的民族是幸福的民族，那是因为每个平凡的公民的素质都高；我们中国现在需要雷锋，是因为我们对“平凡”的理解还停留在“凡夫俗子”的阶段，我们还没有真正地理解“这就是一个人所能做到的”，所以我们把雷锋的平凡仰视为“伟大”了。

19. 老红军的难处

风气不正，现今学校一点小事就能乱得一团糟。有时我很怀疑自己看到的是不是学校，我不明白，堂堂学府，为什么有那么多的权钱交易？为什么有那么多的教师向往混个一官半职？为什么会有那么多的胆大妄为的人混迹其间？为什么会有那么多的人会认为学校是可以随便一下的地方？有个记者，为了把自己的考分不够的孩子弄进一所重点中学，请该校校长用饭，三五个人，一顿饭用去了 8000 元！消息传出后，有人说，如果校长真在餐桌上吃下了 8000 元，那他肯定办不好学校。糟糕的是那个学生一直极看不起校长，认为他的父母 8000 元一桌饭就让校长签了字，这个校长不值钱，虽然他道貌岸然，其实俗不可耐。

招生和基建把一大批校长拖下了水，或者说，让一大批校长自己跳下了水。教育乱收费成了 21 世纪初中国教育的一大弊病，久治不愈，矛盾突出，政府无法保证教师的经济收入“不低于公务员的水准”，学校就自觅生财之道，收取各种费用，引发民怨;政府只好一边“三令五申”，一边闭上眼睛再想办法。就在这个空档里，教育界一批干部迅速致富，特别是一些所谓重点中学校长，财大气粗，一张张暴发户的嘴脸，实在让人无法将其和“学校”联系起来，这是中国教育的悲哀。

招生腐败是一种制度腐败，它给教育带来的伤害比基建和乱收费更甚。我最怕的是我们的学生过早地知道这些故事。可是现在的学生还有什么不知道的？教育上无小事，这句话是讲给有良心的教师听的。在这类问题上，学校伤害了多少学生？有位学生大学毕业后回母校看望老师，看到某校长走过，难过地说：“他那时真把我父母难倒了，我只差一分，按学校规矩交了择校费了，他还是不答应，后来给他送了几千元，才通过了。那时候我家条件不好，是靠父母到处借债才凑足那笔钱的。我想起这件事就伤心，想起这件事就恨学校……”

招生一旦成为一种权力交易，绝大多数人就会遭遇不公平。提到这一问题，想起一位老红军的遭遇。

那是1998年的事。有一天办公室的同事打电话找我，说是“有位老师傅找你”。到了办公室，是有位“老师傅”模样的面容和蔼的人在等我，此人打扮得如老师傅但却不是师傅，是一位曾任大军区领导干部的离休将军，80岁了。“老师傅”拿着我的朋友的信来找我，说是孙子考上这所学校可能有点困难，愿意按规定交择校费，希望届时能排上号。我说等分数出来再说吧。

然后聊天，才知道他是1935年在陕北参加革命的老红军，浑身是伤。我送他走时，看他的腿有点不利索，问他，他说，1938年，鬼子机枪打的。他的车按学校规定停在门外。其实本地的大小官僚，从来就没有遵守过那个规定。

后来分数线公布，他的孙子果然差了10来分。计划外收费名额有限，申请者多得挤破门，有神通的人全动起来了。省市区各套班子，各部局办加三百六十行的“行总”，开来后门条子无数，把各路诸侯写来的条子排列起来，能糊一面墙，就像在开省市厅局处以上干部大会。无权而有钱的人，则另辟蹊径。老红军急了，找到我想办法。我理解他。这年月，许多好汉为了儿孙读书上学都不得不低头。其实我也没办法，只有花时间带着他到处求人，悄悄地告诉人家，这是个老红军，帮帮忙吧。“老红军？”有人不相信，“老红军还没办法？红军老了，儿女不会不发达吧！”这话也没法去想对与不对，反正我只能不懈地帮人忙，为朋友之托，更为打鬼子流过血的人。总算填了报名表，但还是没把握。送他走的时候，他忽然有点支支吾吾，啰唆起来，词不达意地问我家庭住址。我说，事情已经办得差不多了，不必再来了。老红军说：“出来的时候老太婆关照了，非亲非故的，大热天让老师您受罪，太对不住。想表点心意，也不知道你们缺点什么，就自己去买吧。”说罢竟塞过来一个信封，鼓鼓的。我心里一阵酸楚，将信封塞回他的口袋，告诉他："你先去问问别人去，如果我做过那种事，你再送来也不迟。再说，你还是个老红军呢，这么做就不怕人家笑话？”老红军叹了一口气，说："现在社会风气成了这个样，我怕事情办不成呀；往下还要拖累你去找人，说不定你还得去花钱，我有什么办法？”我对他说，我们偏不花那个钱，就试试看能不能办成，怎么样？老红军一脸难色，说："我怎么敢呀！”我望着这位为打鬼子而一身是伤的老人，很难过，叹息一声，说："我们试试看，偏不送钱，如果你认为只有送钱事才能办成的话，那么这样吧：你在家歇着，我去当红军，怎么样？”

后来事情在许可的范围内办成了，我们没送一分钱，只是曾扬言要把事情弄大。但是那双扛枪打过日本的手递出“信封”的情形一直让我难以平静。如果当权的新贵们看了能脸红，那我以后也就不提要当红军的事了。

20. 处长多于小姐

现在不仅机关里有官多兵少的现象，高校里也是官满为患。有顺口溜称“科长满操场，处长满礼堂，校长满走廊”，夸张度并不高。

江苏有所高校，受近年风气影响，因人设事，搞出不少让自己也哭笑不得的事。有教授说了五六个处长的经历，其中有个处长的提升让我觉得有趣。有天这位教师跑到党委书记家，一坐下来就呜呜地哭。书记见了不开心，问他是不是有什么感情挫折。教师撒娇，继续呜呜地哭。哭得书记心烦，说：“你再哭，会影响我的健康。”这位青年教师才吞吞吐吐地说：“别人副教授都上了，我外语基础太差，以后也肯定过不了关；房子也住得比别人小，没面子……想以后还是‘搞搞管理’，但是像我这样的人都是处长了，我进步也太慢……”书记被他哭烦了，说：“知道了知道了，回去吧回去吧。”不久，青年被任命为某办公室副主任，括弧内可以写上一个“副处级”。

每年年终，学校里都要慰问处长们，招待一餐，很丰盛，地点就在学校的宾馆。这一年聚餐时，餐厅有位服务小姐动了气。小姐说，去年聚餐，20 桌就够了；一年功夫，今年 30 桌都坐不下了，这是怎么回事？这样下去怎么得了？——小姐才长了一岁，没想到处长却多了 10 桌！小姐每不情愿地长一岁都有迟暮之忧，担心变成老娘；而处长多了 10 桌却皆大欢喜。想到这么多人都是正处级副处级，房子全占光了，她一个小工人更排不上号，小姐上菜的时候也没了什么好脸色，一开口就有点像孙二娘了。处长太多了，小姐反而像领导了。

如果你在学校工作，能否顺便统计一下：你的学校里究竟有多少教师,有多少管理干部;再把这个比例和过去比,和外国比;然后再看看“优越性”何在,成果何在,代表了什么样的生产力;再然后你就可以写出一篇论文了。

21. 为尊贵者“顺气”

曾有名作家在文章中写到“优秀的人不当教师”，我看了很反感。并非因为我是教师就容不得别人说这样的话，就要动气。按他的逻辑，教师这个职业没有优秀的人；那么优秀的人该干些什么呢？这似乎又本不该我去枯想，但是我从名作家热情从政做过高官的经历看，知道在他心目中，像他那样心怀魏阙的人物才是优秀的。我就把这些话写到了报纸上。有位朋友在报上看到我对名作家出言不敬，来电话劝我宽容，说名作家的本意是“时下当教师无法优秀”。我哪里有闲功夫去和休官的闲汉纠缠？于是一笑了之。我没有鲁迅先生那种高致，认为断不能说“我不行，你来”，我偏认为他一定能“优秀”一下的，所以，每每听到知识分子当面贬损教师，我都劝他试一试，如果不肯就范，则少说几句。

作家看得起什么人？有作家写散文，叙述心路历程。作家可能又是一位教授，有心理优越，高踞雄视，自认为苍穹之下，风吹草低显出的只有她那样的智慧者，只有她那样的心智，才有可能是天下最寂寞也是最高深的人，因而她的寂寞与芸芸众生的一大哄形成了两种不同的人生，孰优孰劣，自不待言。而作家意犹未尽，于是与同龄人作对比。作家说在深圳遇到了中学同学，那位当厨师的女同学听说了作家的成就，不甘人后，有点急促地告诉作家，经过多年奋斗，她评上了特级技师，有了自己的天地，有所成就。作家善于研究他人心理，看出了老同学想“平起平坐”，但是她装糊涂，问，什么是“特级技师”？女同学说，“其实与你们教授一样。”——没想到作家听到她说出这个“一样”，感到受了侮辱，于是耿耿于怀，在文章中反复描述女厨师的无知，从而说明作家教授与厨师的不一样。

我觉得作家大可以不必这样自视过高。说白一些，女厨师可以不读任何小说，即使使用文字，只要能把菜谱写清楚就可以了；但是作家不能不吃饭，尤其是名作家，经常在饭馆酒店里消磨，真是离不了厨师的，有什么必要贬低厨师的价值呢？我记起《卖油翁》，那位陈康肃公百步穿杨，可是观他射箭的卖油翁却不肯称赞，然后在陈的追问之下表演注油的绝招，而且没把它当作什么了不得的技艺，只称“惟手熟耳”。贵族神箭手与卖油翁的地位差异，不必多说，但陈康肃公见了卖油翁的专业技巧，并无多言，笑而遣之。相比之下，女作家的气度真小。

再说，术业有专攻，教授作家与厨师本质上是没有差别的。何以见得厨师的工作就没有文化价值含量呢？一篇《庖丁解牛》，足以说明“道”的无处不在，作家认为只有自己的工作是理性的，除此以外，全都没有思想，等而下之，这种器识，是没“理”的。

更何况现在的厨师行或是不行，都得摆出来亮相，不能由厨师的嘴巴说了算，包括要让作家教授评说；可是今之风习，作家与教授的成果，厨师却没有置喙的资格，这已经体现区别了。不过事物总有无法等量齐观的另一面。如厨师有拿手绝活，发明一道新菜，而教授作家技穷，剽窃别人的论著；厨师评上特级技师还得进厨房，而教师评上教授后不肯进课堂；教授终身不担心头衔被褫夺，而厨师就没有这种福分……这些，已经是差别，我觉得女作家能想到这点，就该“气顺”了。

22. 数学教授的难题

参加某大学强化部的招生阅卷，和一位数学教授在一起工作。教授一边批试卷，一边不断地自责，长吁短叹，令人同情。于是放下手中的事，与他聊天。教授说，在大学教了40年数学，自己的工作还是没有做好，不断地看到社会上没有数学头脑的现象，想想中国人从小就学数学，到了成年，竟然还有许多人连简单的数字概念也没有，我这个数学教授有愧于世。教授举例证明。先说某种邮政资费计算，10克是多少钱，如果一封重11克呢？寄费竟然比两个10克还要贵！如果把这封信拆成两封，每封不足10克，竟然比一个10克还便宜一些！——我不知道他说的是哪一年事，因为好像现在的规定并非如此。但是教授越说越来劲："我想是我的工作没做好。这一定是我的哪个学生做错了事……"我疑心教授记错了，现在不至于有这么蠢的规定的。

接着教授告诉我，这次他在卷子中出了一道"算命题"考学生，结果有不少人做出了其他难题，唯独这一题做不出；也有人其他题一题也没做对，唯独做出了这一道"算命题"。什么是"算命题"呢，就是街头地摊上那种让你看几张字纸，就能说出你的姓的"神算"。我不懂，教授用了三分钟为我讲明白了。我问，解这样的题需要什么水平？教授说，聪明一点的小学生也能算得出来。然后感慨地加了一句："不过这套把戏经常是用来骗成年人的。"我想，可供教授破解的问题也许有很多，然而教授的心病是担心社会不需要数学。

这些天，有关于"六合彩"在一些地方肆虐的报道，许多农民兄弟上当，不事生产，成天在一起研究"六合彩"的数字规律，电视报道湖北某地有一农民每次写“选号心得”，共写了几十大本，然而到头来落得是一场空，如果用这种精神去做正事，很可能会有点成就的。近两年去南方，看到一些地方茶馆或是街头有三五成群的人在研究“六合彩”，终日不去，想到中国人从来没有像这样对数字有浓厚的兴趣，简直可以称作“群众性研究数字的活动”了，不知数学教授对此有无评论。“六合彩”是非法的，不去说它。出人意料的是一些地方小报开设“彩经”栏目，公然大谈选号的“规律性”，期期有“彩民心得”之类的鬼话；更有甚者，竟有过“数学教师猜中大奖号码，连连获奖”的鬼消息。

迷信本来是斗不过科学的，但是如果科学沉默，那就只能看迷信表演下去；如果报纸不肯宣传数学教授们的立场，那我们只有希望数学教授们走上街头去捍卫数学的尊严了。

话得说回来，在数字问题上不尊重科学，始作俑者不是卖“六合彩”的，请看我们生活中的数字，有多少是通过精确计算而得出的？县官的“政绩”，上市公司的报表，“新药”的“疗效”，商家公布的“满意率”，有多少能让我们确信不疑？

再也没想到，数学家除了要研究“哥德巴赫猜想”，还要面对反迷信和反腐败这两大难题，真难啊！

第六辑

在欢乐中沉思

1. 在欢乐中沉思

——“名校”的反思

南京师范大学附属中学刚刚度过建校百年纪念。这所学校的知名，因素很多，有可能是因为她的前身是“南高师附中”、“国立东南大学附中”、“中央大学附中”，这所学校出过许多卓越的人物，在宣传资料上，在校史馆里，陈列着名人的业绩。

我经常陶醉在欢乐的颂歌中，这是人之常情；我以后还会陶醉，但是这并不妨碍我的思考。百年校庆，一片欢乐，名校再一次显示出她无与伦比的精神感召力。我和万余校友一同沉浸在幸福的聚会中，我们仿佛是曾在一块地里长熟的麦子，仿佛是曾经栖在同一棵高树上的鸟儿。我常常有这样的冲动：希望在这样的时刻，来一道闪电，让所有的人冲破精神的牢笼，反问一声：什么是“名校”？

名校是因为有昨天

总是在怀想学校的昨天。遥远的年代最能启人神思，如同人类的童年记载在神话中，最早的东西体现的往往是本质精神，更何况当教育要负载“救国”的重任时，人是不会说假话的。所以我读校史，从当代一点一点地往前读，渐入佳境。

1992 年，学校立了巴金的铜像。这尊巴金铜像形象有点冷峻、刚毅，有人曾问，为什么不选一个乐观、开朗的巴金？我一度附和过这样的意见。但是 10 年来，我常常在冬雪中，在雨中，在阒无一人的寒夜，路过巴金的铜像，这尊冰冷的铜像在寂静中，炽热了我的情感，我在冷寂中向巴金注目，试图与这个伟大的灵魂对话。“掏出心来”、“说真话”——这是晚年的巴金以病弱的身躯向他爱着的人民说的话。可是巴金在1925年走出校园的时候，他想过些什么呢？他期待着一个什么样的世界呢？

现在，我能对我爱着的学校说假话吗？知道说假话可耻却偏要说假话的人，配做一个教育者吗？

和中国其他名校一样，南京师大附中也多次在纷乱的时代变换校名，给人印象最深的是“文革”初期，它有过一个轰动一时的名字——“第三次世界大战备战军校”。36年过去了，当年狂热的学生，有一部分在经历了人生磨难之后，才开始清醒地认识到什么是纳粹，什么是战争。当然，不是每个人都有灵魂的忏悔，回顾那种学生斗教师的错乱，岂是一句“向前看”的锦被就可以遮盖的？自欺欺人的“宽宏”掩盖不了“十七年”教育的失败，文化精神的缺失，人道精神的毁灭，普遍存在于全国的名校中。那种常常表现出与文明相对抗的野蛮之气，那种漠视人的生命的卑劣心态，我们总不能看作是名校的“独立精神”吧？

反思20世纪的教育，世界上有几类名校都经历过非理性的动荡时期，在法西斯主义肆虐时期，德日等国的名校遭受野蛮的蹂躏，度过了难堪的20年；在苏联极权主义时期，“大清洗”给俄罗斯的名校留下难堪的一页；而1957年以后的20年，发生在中国的不可理喻的政治运动对教育的摧残，也给包括北大清华在内的名校留下污点斑斑……今天，当我们反思这一切时，除了诅咒那个时代，可能也应当想一想，在那样的非常时期，名校为民族又做了些什么？否则，我们没有必要在这里侈谈人文精神。

名校，你在追求什么？

每所名校如今可能都会思索：今天与昨天比，有哪些不同？——教师的地位有什么变化，教学形式有什么不同，学生在想些什么，名校的社会形象如何，等等。而有可能感到困惑的，是“名校”的概念，这就不能不涉及名校的追求。

可是我们不能不忧伤地看到，名校的实际价值，几乎等同于“高考升学率”了。这种结局有其深厚的社会背景。如今传媒也把高考升学率高的学校称为名校。我们也看到，一些被视为“底层”的学校，因为靠非理性的“半军事化”的强化考试，也逐渐知名于世，这是不是对“名校”的嘲讽呢？我在师大附中工作 21 年，也无奈地看到这种变化，过去高一学生很轻松，高二最随便，都有点时间做点自己感兴趣的事，而现在学生从高一起就记住自己的责任——考大学、考名牌大学。

作为名校，不能没有升学率，但是一旦“追求”（或曰“片面追求”），则肯定与传统意义上的“名校”风马牛不相及。近年一些老牌中学在宣传上不遗余力地介绍高考升学率，强调重点大学、名牌大学的录取人数，这非但不像有独特文化风格的名校，也不是现代意义上的“学校”。

首先得弄清什么是“学校”。学校该是什么样，未必要出洋考察，先学晏阳初、陶行知，我看这两位的思想都没有过时，五百年后一千年后还会有人称他们是教育家。——“教育家”这三个字，是用心血铸就的，不是用金子打造的，不是什么人都可以称为教育家的。据说现在中小学校被视为“最具经济潜力的实体”，只要国民生育，学校就不愁收不到学费。有人公然提出要转换观念，把办教育当作“商机”，把学生与学校的关系当作“消费关系”。（照此演绎，学校是商人老板，学生家长是消费者，那么教师呢，一定是营业员了。——这就终于实现了几十年前公社书记对教师说的“你好好干，我提拔你当营业员”的奋斗目标。）这类无知言论，很多是从教育行政部门领导口中说出的，是从校长们口中说出的，所以才会令人想到教育的前途而感到心冷。如“蛋糕要做大”这种俗不可耐的话也堂而皇之地从教育管理者们的口中说出了。不久前，我参观了一所万人中学，除了大，那块“大蛋糕”上没有我感兴趣的东西。随着商品经济的发展，我们可以在任何地方很容易地买到各地的土特产，随之而来的是老字号与特产进了超市，百年老店、老字号“做大”后，遍地分号，东西都不如先前好吃。不知道为什么就没人想想这个问题。如今，有几所名校能真正说出一点办学特色的？

教育不像工业生产，一个错误的政策会立刻导致严重后果，教育的失误，会在一个漫长的时期被掩盖住，而当其“发作”的时候，真是天命难回！想一想，“十七年”的失误导致“文革”的疯狂，大批青少年没有得到“人”的教育，而“文革”中长成的一代，又在改革开放的时代成为思想困难的一代，那么，持续10多年的应试教育会给未来留下什么，难道不令人深思吗？

高贵与平等

我心目中的名校，教学教育上应当坚持“独立的思想，自由的精神”的信条，除此以外，我认为名校的培养目标中，还应加上“高贵的气质，平等的意识”。

学校给学生心灵世界种下一粒什么样的精神种子？今天的教育者如果不去想，他就不是一个合格的教育者。虽然世界光怪陆离，学校教育不能世俗化，学校要培养合格的公民，培养未来合格的父亲们、母亲们，培养民族需要的人才，名校应当让学生像绅士、淑女……但是，名校更应当教育学生一生追求真理，像一个真正的人那样活着，能不断挣断缠绕过来的锁链，能在精神上有追求，始终有一种批判与怀疑的精神，他们在本民族文化中，能始终地先于大众去发现与寻找，能勇于反思与求索。在培养学生的集体意识的同时，要告诉他们，古来伟大的思想者与殉道者都是生活在孤独寂寞之中的。名校必须从小就向学生灌输为民族进步，为人类文明服务的思想，从小就注意从精神上打好人文精神的底子，相比之下，学校仅仅以考取名牌大学的人数而确定在社会上的地位的观念，显得多么猥琐！

与时俱进的，也有许多泛起的沉滓。“高贵的气质”变成了“高傲”，而“平等的意识”刚刚有了萌芽，就冻死在冷漠之中。前几年我在青岛一所名校看到校方将每个考生的成绩张榜公布在校门口，于是嗤之以鼻；现在师大附中将每个考生升学去向公布在大门口，我则欲哭无泪。

杜鲁门当选总统时，有人向他的母亲表示祝贺，说：“你应当为有这样的儿子感到骄傲。”他的母亲回答说：“我也为我的另一个儿子骄傲。”祝贺者问：“你的另一个儿子在干什么？”老太太自豪地回答：“他在地里挖土豆。”——我由此想到，学校培养研究杂交水稻的袁隆平，或者培养会种水稻的农民，都是教育的成就，绝对不能将前者视为成功将后者视为失败。如今的风气，考取名校为荣，考取名牌大学为荣，固然，在竞争机制下，人的综合发展不可能是平衡的，可是社会毕竟倡导平等，人与人应当平等，这毕竟是不可颠覆的理念。某年有个学生在考取一所著名大学后，提议成立“师大附中名牌大学校友联谊会”，我听了之后，大热天里一下子感到冰寒彻骨！这位学生因为家庭困难，在校学习期间得到师生无微不至的帮助，而他一旦“出头”，马上就视昔日同窗如路人。——人怎么会变得这样势利呀！有鉴于是，我从来就觉得没有必要宣传这所学校校友中出过多少院士，多少政界要人，多少富豪。

名校的教育究竟出了什么问题，为什么在社会要求走向进步的时候，会有这么多落后、腐朽的思想粘附在中青年一代身上，流淌在他们的血液中？有了升学率，有了办学的规模，有了设备的现代化，可是失去了平等，没有了博爱，我们在为理想社会输入没有理想的人，这样的教育又有多大的价值？

名校需要什么样的教师？

静听回声，今天的学校有许多过去没有的东西，可是遥远的年代已经永久地把背影留给思想者。名校之所以成为名校，主要是因为有一群名师；名校的教师应当有学术背景，名校需要学者型的教师。当年附中的教师，有一批是大学教授甚至某一方面的权威人士，如柳诒徵、严济慈等，放到哪一所大学都会是重要人物。20 世纪 30 年代，常任侠教授留洋归国，在中大实校当级任教师（班主任），那种事当年屡见不鲜，现今有没有这样的可能？现行体制要求每一位教师都当好“螺丝钉”。几年前，教师还不能自由辞职，优秀的教师在学校即使难发挥作用，也别想出去；同样，优秀的教师也很难引进来；而平庸者不会提出辞职，学校也无法辞退；有些学校，并非没有人才，领导看过去百般不顺眼，以人为马，自比伯乐，顺我者昌，逆我者就地埋没；另一种怪现象是“买名师充数”，为了招生宣传，不惜花大钱从外地聘几个特级教师以装门面，至于这些人究竟是否有能力把教学带动起来，天晓得！……看这种人事制度，就像是看一个不开化的部族的奇怪习俗，滑稽透顶。教育官员及校长们经常出访，说起国外一些学校竟然没有围墙，我觉得有没有形式上的围墙不说明问题，脑袋里有无围墙才是问题的关键。

有人总结出一些今日名校的变化。比如，没一个校长不关心钱的，所以校长不得不姓“钱”，没有钱就没有办法改善教学设备，没有钱就没法留住骨干教师，没有钱就没法吸引优秀的学生，没有钱就没法与上下左右沟通关系……当校长的不会搞钱，不敢分钱，教师便看不起他。学校用升学率衡量教师，教师用能不能捞钱分钱来评价校长，倒真是相得益彰。可是一个校长把心思放在弄钱上，他会有怎样的价值取向，他还有没有可能准确地把握教育的真谛？而一个教师收受家长、学生的钱，把吃喝款、旅游费拿到家长那里报销，与有钱有势的家长打得火热，他还怎么能内心平静地站在讲台上？

校史留下了许多珍贵的资料，比如，著名学者常任侠曾在这里担任级任和教导主任，他的月薪达到 230 元银洋，这笔钱按当时一般生活标准，大约可以养活 100 人。那是一种什么样的优越？相信每个教师都神往。可是我们能不能问一下，如果活在当年，是不是每个教师都能有他那样的学问？是不是都能像他那样为侪辈和学生所敬重？不管是人格风范还是学问，常任侠那样的教师中学里是不大可能有了，所以也没必要研究他当年的工资数额。

“学校像宾馆，校长像老板，学生像大款”，这是南京市一位教育局长在大会上批评的话，没说教师像什么，让我们对照前辈，自己总结一下吧。

体制的困惑

名校办学的基本理念应当像常春藤一样，即使是在废墟上，它仍旧能顽强地显出生机，积极向上，郁郁葱葱，给人以希望。我认为，这是解读名校必须注意的因素。

在现今体制下，不再会有校长去考虑百年不变的基本办学原则，他也不会考虑笃行百年来的办学理念，他不是来延续创始者的教育理想的，因为他生存于今世，他不能不遵循时行的价值观，所以他可能更重视与升迁有关的因素，他要适应现行的“政绩标准”。校长有级别，形同官员，因而名校往往成了管理者的一块跳板。

出于爱校，不能已于言，更因为已经是老教师，所以对校政常有些评议。但很不幸的是，我对校政的批评竟然常常被以后的事实所验证。人神共鉴：我是多么希望自己的判断是错误的啊！——如果是我错了，学校会太平无事；而如果我的判断是正确的，那学校一定会遭受重大损失。平时对一些临时性的工作，我常常表现出疑惑。比如，无休止的评比、检查，不断干扰教育教学工作的竞赛和充满形式主义色彩的活动，束缚教师教学的种种不合理的规章制度，落后的评价机制，等等，可是20多年来，愈演愈烈，教师和管理者不得不把大量的时间用于从事没有价值的工作，耗尽精力。我一度认为是领导者观念的问题，然而任何一个管理者都能持之有据地说出一套“理念”，任何的落后东西都可以通过包装符合时尚，而且只需要吹牛，不需要去做。现在看一些名校的宣传资料，改革没有不“成功”的，经验没有不“宝贵”的，成绩没有不“可喜”的，一句话，我从来没有听到哪位校长在反思自己的教育理念，在检讨自己的决策失误。1919 年，廖世承主政南高师附中时，曾引入过美国的“道尔顿制”，一年以后，廖世承宣布试验失败，承认这种方法不适合中国的情况。也怪，当时就没有任何人指责廖世承，也没有人试图以此否认他在中国教育史上的地位。然而这样的事放到今天，会有什么样的社会影响？于是不得不叹息今非昔比，今天，我们多么需要廖世承那样的气度与胸襟！

但我终于醒悟，这不是校长们的落后，而是体制的落后，甚而言之，是制度制定者思想的落后。校长只对任命者负责，不可能对教学者负责，更难对可能产生的后果负责。

校长应当是职业教育家，身体力行的实践者，他从事的是教育，是应当远离权力圈的。可是如今的校长都是“正科级”、“副处级”、“正处级”，这是他们翅膀上绑着的金块。因为他是“干部”，所以需要靠“政绩”垫高自己。因而他可以不问学校的长远目标，可以不考虑学生的明天，可以不研究教育理论，你如果对他说需要 10 年才能做完的一件事，他根本不考虑，因为他不可能在一所学校待 10 年，一个有志仕途的人在固定的位置上待上 10 年意味着什么？学校的升学率关系到他们的升迁，所以他很注意传媒的作用，所以他会特别重视领导人的视察，所以他很可能利用手上招生的权力，笼络社会势力，结出一张网……怎样保证校长执掌校政的稳定性，保证学校的民主决策作风，保证校风不受干扰，这也是中国名校应当思考的问题。

我的思绪早已远游。我爱我的学校，如果没有对她真诚的情感，我不会克服那么多的困难坚持做那么多的事，我不会拒绝种种诱惑向她贡献人生最宝贵的年华。我有时想，为什么我要这样“悖时”，长久地苦恼？

想来想去也是惘然，也许是我遗憾青春被埋葬在了插队的农村，也许我是在感叹壮年的一事无成，也许是我到了知天命之年才看懂了什么事都要“慢慢来”……所谓“人生无悔”不过是一句自我安慰，但是如果我们明明可以成就许多事却因惮于世俗力量的顽固而放弃思想，放弃呼喊，那才是无价值的一生。

我特别喜欢邵燕祥的那句诗——“明天比昨天更长久”。我们也许因为软弱放弃过昨天，但是我们一定要为理想追求而珍惜每一个今天。

2. 母校，你在我心中已经死了

大学母校最近找了我几回，未果，后请单位转给我一张表格，要求我填写。对校友联谊之类的活动，一向有点警惕。我因为工作关系，忝任校友会副会长，每次开会，都听到校友们对现代势利眼的痛恨。比如校史陈列，有名的校友，玉照放得大过挂历，排列于前，雄踞上首；次一等的，十寸彩照一页，蛰居一隅；不知名的校友，仅存姓名、届次。每次陪校友参观校史，都会听到无奈的叹息。想当年，大家都在寒窗之下，一块烤白薯都要“与朋友共”，而一旦入了等级社会，做了官，有了职称，人与人之间竟然也就划出一道无形的鸿沟。当年天寒地冻，大家挤一个被窝，现在只因为级别职称不同，就硬要分三六九等，多令人伤感！更有甚者，有的学校搞校庆，主席台上不分长幼，坐着的全是各级官员；谁当权，谁当实权，谁就可以坐在正中，连届次也不讲了。更有势利眼，就餐时，官大有权的，经商有钱的，头衔高大的，都请进包间，请入席，请上座，有酒有鱼，觥筹交错。总算还有点身份的，请坐大堂，十菜一汤，请饮雪碧可乐。其他的呢？大喜大庆，不能怠慢——每人自找地方，肉包子四只，菜汤尽管喝饱。

我任教职的这所学校，是原来的中央大学附中（最早是三江师范学堂附中），校名数度更迭，明年是校庆百年，敝校喊出“母校面前，校友人人平等”，是想恢复传统，一扫俗气，在校友中倡导平等关系。但是社会风气不佳，届时能不能没有干扰，大家都有点担心。

前面说到的那份表格，还特别做了说明，使我知道这“不是一张普通的表”，有规定，只有“正厅以上、正教授……等等”方可填写，诸种条件中，敝人忝居其一，所以被网住。我知道，我的大学母校是出了许多高官的，我的先生们很以此为荣，他们能扳着手指一下子数出三四十个从中央到地方的出身于本校的高级官员。这一次据说要编一册“精英录”之类的东西。我对发给我表格的人说，请放心，我永远不会填这种表；你们如果执意要做这种事，那我告诉你：母校在我的心中已经死了。

也许我从小受了正统教育，也许是我读书走火入魔，不幸沾上了自由平等的“恶习”，故从来不想识这种“抬举”。对昔日同窗，不管他们做了多大的官，会如何蔑视平民，也不管他们如何穷困潦倒，忧馋畏讥，我只承认与他曾经同窗数载，至于“校友”之说，道不合不相为谋，如此而已。

我又想到，人间的势利是多么残忍，它对我们的教育是一种荼毒，大学天天在那里侈谈人文精神，可是只要有这种把校友分三六九等的意识，这种学校非但不配讲人文精神，作为学校，应该关门。

3. 校史要正视历史

俗称富在深山有人问，言之不妄。有的名人，连儿时的顽皮故事乃至零食嗜好都被记得一清二楚；一生中从幼稚园直到博士后，是在哪里混的，不愁无人知。更兼旧时代户籍档案管理不严，随家流动，读完中小学已经转过八所学校，一位名人被处处供奉的情况极为普遍。再就是千篇一律。参观了一批学校的校史陈列，格局大致相同，像是一个模子里倒出来的，领导题词手迹，首长接见照片，奖状锦旗铜匾。再就是校友事略，桃李天下，精英遍地……没有哪一所学校不辉煌，没有哪一所学校不自称“善育英才”。

问题就此而生。一所百年老校，难道说没有出过不合格的学生？中国的很多名校，也出过不少坏得不得了的人。远的不论，且说“文革”中，最能折腾的当数清华北大，首开罗织，海内为虐，不可谓不烈，至今也没听到有几个清华北大的造反学生忏悔或是向无辜的人民道歉。我不清楚北大清华的校史关于那十年是如何写的，总不能说“梁效”不代表“两校”，总不能说批马寅初的只是康生一人，如此等等。

有位先生告诉我，有一起轰动一方的刑事案审结，罪犯被处决，有关报道中，称他“毕业于某名牌大学”，这便引起好事之徒的猜测，但罪犯的母校讳莫如深，坚不吐实，以为耻辱。当今众多贪官污吏，也曾受过高等教育，不少还毕业于名校，当其煊赫一时之际，母校引以为豪，奉为上宾，唯恐失敬；一旦其成了阶下囚或是绑赴刑场，马上翻脸不认人，从校史室中抠除。北京的陈希同、山东的胡建学、江西的胡长清、广西的成克杰、云南的李嘉廷，等等，传媒报道他们的经历时，往往只说“毕业于名牌大学”，而不点明校名。再有，全国每年被判处有罪的人，数以十万计，这些人也不是从地缝中蹦出来的，多多少少受过教育，为什么从来没有看到什么学校把这些也算有名的“次品”、“废品”认领下去呢？

20多年前，我对校史馆有过建议。我说，校史最好是光荣史、功劳簿，但是现实不以人的意志为转移，否则，中国前进的艰难从何而生？祸害、奸佞、笨蛋难道都是外国空投来的？全是绿林中学、野鸡大学毕业的？因而我建议校史室中应当有“历史的教训”、“母校建设中的憾事”、“警钟长鸣”这样的栏目，如果谁能开这样的头，将无愧名校风范，并有可能成为真的教育家。——可想而知的是所有的人都嫌这是个“乌鸦嘴”的“馊点子”，“杀风景”。我想，校史既是史，就需要有正视过去的眼光。为什么一涉及“名”，就讳莫如深了呢？史家修史，也有《奸佞列传》《贰臣传》《酷吏列传》的，难道我们还不及古人有见识吗？

作家叶兆言曾提议母校借校庆讨论“学校建设上的十大憾事”，此议与私见暗合。如果大家都不吹嘘祖宗的饭香，都能认真检讨自己的工作，都能认真地把教书育人当作第一要事，那才是有意义的事。

4. 一声长叹说斯文

很尴尬的事，本想听文人说雅事的，却听到一股权经，聒噪耳际，不得不闻。

某大学搞庆典，恶俗不堪。来的多是官僚，一辆辆专车鱼贯而入，按车号上显示的级别档次停好（过去大学教授哪里会懂这些门道）。门口轿车停得越多领导越开心，就是要让人们看一看，我家门口的高档轿车能把几条大马路活活堵死掉！照相的时候，鬼事来了：官大的坐正中，依次排开。有老教授不良于行，可是给他安排的是第二排站位；前排有四五个却是他的学生，现在全做上高官，可能是认不得他了（也可能是装作不认得），没有人让座。老先生可能有气，也不知他是真糊涂还是装糊涂，管他尊卑贵贱，径直拄着拐杖往前排一坐。急得组织者不知如何是好，忙说“前面风大，吹了不好，换一换”，教授说：“我就喜欢风，我就坐在这里，不必换了不必换了。”

前排是高官和校长们，第二排是“名生”和教授。——起先不明白什么叫“名生”，后来才知道是生造出来的词，即“著名的学生”、“闻名的学生”之谓。这一来就更尴尬：“名师”之说，历来有之，可以说出道理来，这“名生”是相对于“名师”来说的，还是自己折腾出来的？古代简单称之为“高徒”或“高足”，就很可以了，管他什么名不名的？不管怎么说，有一点关系是不该搞错的，就是当着“师”面，“生”永远得执弟子礼，不能搞反了，学生怎么可以让先生站着呢？那样一来成何体统？岂不是连流氓都不如了？

更作怪的是竟有先生在学生面前低三下四。有学生混到个官职，见到教师时一边握手一边打哈哈，装作想不起老师姓什么，仿佛真的记不得自己当年为了混个及格，套题目，探口风，或是立雪程门，或是自告奋勇，帮老师去买大白菜，扛煤气包。可是现在的教授也真谦虚，见到昔时的学生不再直呼其名，竟软软地尊称“× 厅长”、“× × 书记”了。

有的学生是被教师宠坏的。比如，学生中了进士，想到提携老师，让他捐班，弄个候补，这是给老师面子；学生做了驸马，老师想知道学生是如何被公主“尚”的，官居几品，纷纷写信问候学生，这就太给学生面子了。现代社会，最出色的变化就是翻脸不认人。“不认人”不要紧，要紧的是认钱大爷与权大爷。有教师说起某某学生，当年在学校拿助学金，俭省得不得了，逢年过节，都有老师带他回家吃饭的；现在他发达了，不知道为什么对母校一点表示也没有。我听了觉得很无谓。——他过去穷困，教师帮他，是职分，也是情义；今天他发了财，他要是肯帮助学校、帮助学弟学妹，那是他的事，这不需要启发；有恩于学生而不图报，才是真教师。

有人说起一位人事局长的经历，他能拒绝一切人的请托，唯独没法对老师做解释。他原来生活在农村，农村教师家庭往往有许多麻烦事，每每有所托，他都要花不少精力做解释，但是实在打不过习惯势力，教师与同窗无不指他为忘恩负义。其人有口难辩，里外不是人，处处挨骂。最后终于因为过不了“恩师关”而违纪，被调离岗位，于是大家叹息一番而默然。

教师和学生究竟应当是什么关系，不想去研究了，古书里头多的是啊，各人看各人的吧。

5. 在哈佛发现的一本纪念册

面前放着一本纪念册。这些天来，这本纪念册一直萦绕在我的脑际，我无法不去想它。准确地说，这本纪念册是一本复制品，原件现在正静静地存放在美国哈佛大学图书馆里。

这是原中央大学附属实验中学（今南京师大附中）1937 届初中振宇级毕业纪念册。当时中大实中一律用班主任的名字命名班级，“振宇级”因班主任张振宇而得名。这种命名的方法是很有意义的。

1992 年，旅居美国的振宇级学生、台湾知名出版家萧孟能先生在哈佛大学图书馆里发现了这本纪念册，捧着这本半个多世纪前自己参加编写的小册子，搞了一辈子出版的萧孟能激动万分。不久，他便自行复制了一批，分赠给健在的同窗们，也赠给了母校。

这本纪念册是怎样到了海外的，又是怎样被哈佛大学图书馆收藏的，我们一时无法知道。我们能知道的，是萧孟能他们永远没忘记“1937 届振宇级”。

纪念册的封面由当时的中央大学校长罗家伦题签，这位“五四”健将、享有盛名的教育家为那群初中学生题词时在想些什么，当然就更不可考了。内页有几十帧照片，其中有初中三年每年的全班合影，有大家曾经生活了三年的校园、教室、操场和宿舍（校园在日本侵华时被炸毁）。纪念册的核心内容，是全班同学的小传，每人都附有穿着童子军制服的照片。小传用文言写成，几十个字，便勾勒出人物的性格特点，当年中学生的文字功力可见一斑。试录一二。

陈君××，浙江余姚人，性情和蔼，待人彬彬有礼，人多乐交之。君擅丹青，有艺术家之称，而其造诣之深，每为师友所叹服。诚所谓青出于蓝也。

张君××，江苏江浦人。性淡泊忠厚，行事纤细委备，一应绳墨。勤于读书，虽天资稍不逮人，而力学不敢后焉。平日留心国际局势，于大事之演变，明察尤甚，信必有所成就也。

××君，冀之易县人也，性爽直，然待人和蔼，以此人皆乐与之交，且风度翩翩，素有璧人之誉。君志非凡，每与三五知友，言及国家大事，未尝不拊髀三叹也。

萧君孟能，年十七，湘之常宁人也。形貌修伟，长运动，喜音乐，性豪放活泼，聪慧能干，近代化之青年也。

…… ……

我想，当年这些志在有为的风华少年秉笔月旦人物时，他们可曾想到，他们将会怎样历经人生沧桑？“编辑委员会”在前言中写道：“我们决定编写这本纪念册，我们很希望它会使人们将来看到它的时候兴奋！”60多年过去了，当年被称作“近代化青年”的萧孟能如今两鬓苍苍，但早在他中年的时候，便已成为台湾有为的风云人物，这一点，足以告慰1937届振宇级的同窗们。白首话当年是一种什么样的感觉，我真想知道。

萧孟能他们编印这本纪念册时，是1937年6月末，几天以后，卢沟桥的炮声响了……

6. 遍地“国际”

在湘西某市见到两所“国际学校”以及一所“欧亚学校”的巨幅招生广告，听当地教师说，这三所学校虽然“国际”了，还是“土”得掉渣，其中两所建在城乡结合部，另一所就在附近的山沟里，荒得很。招生广告贴遍全省，但是据说门可罗雀。不景气的原因不是它吹牛好大，乃是如今“国际学校”太多，有些经济不发达的省区一口气就办出二三十所，正在筹办的还不知道有多少。这“国际学校”没有商标专利，谁都可以挂名，比如你那里是野猪林，就可以叫“野猪林国际学校”，你那里是马家豁子，一般也就叫“马家豁子国际学校”。反正“国际学校”是一种收费标准的牌号，校长可以以这个名义到国外去观摩，但不一定有洋学生愿意到这类学校来读书。江苏有所“国际学校”因为招到了个韩国老板的孩子，立刻在报上大吹，好像那韩国孩子是外星来人，可见其少。既无法对国际招生，又无须在国际注册，因而也就不会有什么国际纠纷，更不怕国际干预……称“国际”，其实根本不是对外（人家那个“外”也根本不理你），就是图个对内的气派，吓吓穷苦百姓，骗骗工薪阶层的。

但是无论走到哪里，都看到这些“国际学校”，很烦。我估计，目前世界上数中国的“国际学校”最多！

不知哪里传出一句昏话，说教育是产业，于是有人就把办学校当成了最容易赚钱的行当。投资房地产，投资股票，有风险；制假贩假，于法不容；相对而言，办学校稳妥。不说其他，只说“上当周期”就比买彩票要长，等到人家发现学校名不副实时，学校老板腰包早已赚饱。这个说法，并不针对任何“教育家”，但是欢迎对号入座。曾有一家十年制私立学校的招生广告，“保证16岁上大学”，当时看了很惊讶，认为与“包治百病”是同级别的牛皮，不解何以有人敢吹，现在算是弄明白了：如果到了16岁上不了大学，他可以有无数的托词，比如说你心理年龄、心智年龄其实没到16岁，说16是不吉利的年龄，说你的16岁与人家的16岁不可同日而语……再说“大学”是很模糊的概念，只要是姓“大”就行。——敝省城市高三毕业生能升学者在90%以上，只要你肯出钱。(有的私立中学一次性“入学建设费”要10万元，而现在一些民办大学三年只要3万元，这个账不难算吧？）再说，10年以后的事，谁说得准？……精彩的答案果然出现：那所学校才办了四五年，原来的校长跑了，董事会也易人，没有一个人承认有“保证16岁上大学”的承诺！家长哭诉无主，告状无门。

如今把办学校看得与开饭馆一般，也像开饭馆抢生意一样去抢生源，也像开饭馆一样宰人赚钱。不知道有没有社会学者调查过，现在办私立学校的人物，有多少是真懂教育的？又有多少不是为了赚钱的？

我住所隔壁，是澳大利亚某中学长期租借的一幢楼，每年有五六批学生到中国来“游学”，收费不菲。这所学校未必会以他们在中国有这么一处游学场所就在澳大利亚自称“国际”，据说该校也很重视经济效益，差别只在他们公开说赚钱，并不在意化妆搽粉。

7. “新贵族”的档次

报上有新闻，称有家长投诉，本市某私立学校有高年级学生勒索低年级学生，不给钱就殴打，而且形成团伙。低年级学生的家长见自己儿子被打，就带了两个帮手闯到学校，用皮鞭把高年级学生抽了一顿。这一抽，事情又搞大，高年级学生回话，说：“你等着，我老爹一般不带两个人，他每次都是带一车人来……”此后双方家长都告学校的状，报上登出了他们的“控诉”，其中有个打人老板的一句话最为幽默：“我每年花四五万元把儿子送到这里来，不就是图这里好歹是个贵族学校吗？……”又有报道说，星期五晚上，放学的时候，该校大门前汽车排了百八十辆，互相为争道拼命揿喇叭，家长之间破口大骂，捋袖动粗是常有的事。

那句“好歹是个贵族学校”最为发噱。用皮鞭打人的老板想到要做贵族，我并不觉得有什么不妥。想当年闹红卫兵时，举皮鞭打人的“红卫贵族”说起自己的出身，不是三代放牛就是三代讨饭，足以说明鸿鹄之志，人人有份。现如今始终无人诠释“贵族学校”的正确含义，流氓不通过造反，直接通过让儿女读“贵族学校”由燕雀而鸿鹄，则又令我等糊涂不解。

想起七八年前的事，在街头看到一处“贵族酒楼”，生意不好，店堂局促到只能坐两三桌人，桌椅油腻肮脏；老板一脸烟气，两只手上套着五六个金戒指：堪称“两间东倒西歪屋，一个愁眉苦脸人”。我当时就无法理解为什么这家破店非要起名“贵族”？现代社会，为什么总是有这种不可理喻的“主流选择”？

就说那两位对“贵族学校”感到寒心的大打出手的老板，他们错了吗？他们不过是想让儿子做“人上人”，不必再像自己早年那样靠“打拼”辛苦去捞钱而已。现在儿子在“贵族学校”没镀上金，没学到“上等人”的派头，却学会了勒索，知道依靠打手，怎能不令他们伤心？身上有流氓的基因，做出的贵族之梦也会和抢码头的流氓打手一个档次。摆场子打架一类的活儿，太粗，连没落贵族也不会抹下面子来助兴的，新“贵族”真是太开放了。

“贵族学校”是谁先喊出来的？老百姓为有所区别，通俗地称之为贵族学校；家长为炫耀，称之为贵族学校；校长们图方便，偶尔也会不由自主地称贵族学校；董事长们要表示自己有档次，开口闭口就是贵族学校……官方报纸常有这类学校的招生广告，不外称校舍豪华，设备一流，可以出国游学、度假等等，至于教育教学如何高水平，那是不敢有任何承诺的。其中的原因，可能就像北方人挂在嘴边的那句话——“咱最清楚自己是块什么料了”。有比阔斗富的财主儿女，有动不动就带着保镖打手到学校来“评理”的家长，这种“贵族”，也该算是有“中国特色”的了吧？真正的贵族学校是什么样的？在中国办所谓“贵族学校”的人，有几人知道什么是真正的贵族？

为什么多年没有听到“平民教育”这个词了？现在谁要是喊平民教育，好像是悖时的话。我也奇怪，现在的校长们，都还算是上过各种党校学习班的，总还算是体制内的人物，总还是有一定行政级别的干部，怎么一说到办平民教育，就像要做什么丢人现眼的事一般，连说话也不硬气了，这是怎么回事？以某些人身上的那股铜臭气和粗野，本来是不配谈教育的。

8. 校园设计要大气

近年一些名校以与时俱进的名义，进行改建扩建，规模宏大。可是如果你问我有什么印象，告诉你：除了知道他们会糟蹋钱，其他什么印象也谈不上，更不用说“文化氛围”了。这些千篇一律、单调无比的建筑群毫无个性。偶尔有几所学校，大概是参考了国外建筑样式，想弄得洋气一些，却又画虎类犬，丑陋无比。

校园建设的攀比之风愈演愈烈。据说教育成了“产业”，银行特别愿意贷款给学校；学校有了钱，就喜欢折腾；更因为一些人看出“形象工程”是进身之阶或是捞钱的机会，于是各校大兴土木，盖楼比高比大，设备比洋比新，个个像暴发户。基业已定，自以为气势恢宏，天下英才必然心向往之。“全新”之后，终于想到要挖掘文化内涵。然而为时已晚，原本或许残存的一点可怜的文化气早就被推土机荡平了。

如果实在要改建扩建，学校也得建得像所学校，毕竟学生要在这里学习生活三年或六年，在这段时间里感受的文明文化有可能要影响他们的一生。

最坏的风气首推拆老房子。有的校舍历史悠久，布局有特色，体现了学校特有的情韵，站在其中，肃然起敬。可是现今的管理者出洋考察多了，对中式房屋横竖看不顺眼，必欲“格式化”，将其一扫而光。因而有的学校校庆，校友身处昔日校园，见面目全非，无所依恃，便觉得像是错进了陌生人家，自己仍像一个没有寻到归途的漂泊者。哈佛大学是世界名校，我无缘实地考察，但从老照片上见过那些老校舍，让人遐思不已。我并不崇洋，我只反对土豪习气和官僚的精神错乱症。

我不赞成学校建设园林化。现在有些校长的志趣很像小地主，书读得未必有地主多，却把地主的器识狭小学来了。他们往往不知天高地远，只喜欢关起门来做大。例如，所谓“学校园林化”，纯属无事生非：平地架桥，刨树种石，以求其雅；筑洞挖沟，打井砌栏，以求其深。然这并非一人之书斋，而是千人之校，选择变大为小，化整为零的园林化就显得没有见识了。有些学校在弹丸之地上精雕细刻，建假山瀑布，小桥流水，弄得像地主家的后花园。现在城市中学的占地面积有限，动辄三五千学生，活动的空间已经很少，绿地更少，这种园林式的建设就显得很别扭。江南的建筑文化，也远不止是园林一种。为什么就不肯多动动脑筋，增加一些想象力呢？

再如种观赏草。学校供学生活动的地方本来就有限，原来很多地方种的是“趴根草”，这种草生命力极强，无论如何践踏，永远不减青色；学生在上面小憩、读书、开会乃至踢球打闹，都无碍。不知何年刮起一阵洋草风，城市到处都改种外国观赏草。学校也跟风，有限的绿地全改种这种只能瞪了眼看，碰不得、踩不得的娇贵草，处处插上“小草在休息，请……”的告示牌，弄得学生无处可站。这是很愚蠢的做法。

校园建设体现学校管理者的文化素养。目前我国的“重点学校”基本是“国有”，在学校建设上，“校长负责”成了个人说了算，出了问题招致非议则推给“集体负责”;软弱无能的“集体领导”往往又变成“无人负责”。所以疯狂糟蹋国家教育资金的现象很普遍。前任校长盖的楼，新任校长只要看不顺眼，随便找个理由（或者不要理由）就可以下令拆掉。后之视今亦犹今之视昔，新任校长主办的建筑，也许同样短命。校长们的“文化贫血”最终造成了校园的呆滞苍白。校长一任任提升离开，谁来对学校负责？我也很奇怪，中国不是没有懂校园建筑的人，为什么在校园建设上，专家会趋附外行的意见？为什么中国的校园建设没能留下传世之作？是不是因为市场经济的因素，专家怕饿死？教育是百年大计，这话谁都会说，何以如今设计校园草率得像搭集贸市场？

问识者：你想象中的校园是什么样的？回答当然丰富多彩，但是有一个共同的理念，这就是：简朴，大方。道理也不复杂，因为简朴、大方是一百年、一千年也不过时的教育文化精神。看国外的一些校园，楼舍历时百年，古木参天，碧草盖地，简朴大方，自有一番大气象，令人神往。反观三步一楼、五步一阁的精雕细琢，那小器样儿就现出来了。

9. 何不弹铗而歌

特级教师某公，数年前“孔雀东南飞”，年薪七八万元，生活富裕了。有人问，何以舍得丢下待了20多年的学校？某公说：“以前过的叫啥日子？看的是啥脸？校长不学无术，油头粉面，照镜子一照就是半天，每天轿车进出。家里弄得像公馆，儿子吃的穿的，都是人家送的；老婆佩的挂的，都是马屁精孝敬的。而教师在他眼里全是打工的，日子过得窘，过春节发三五百元，校长还要开会，谈意义，谈不易，要求大家珍惜、要求大家再接再厉，不把我们训得磕头如捣蒜，不让会计发钱，好像那钱是他从牙缝里省下来给我们的。要不是我们卖命，学校哪里有钱？他那个校长当得成吗？我早就该跑了！”

有青年教师，才评上先进，也跑了。问他何以要跑，回答直截了当：就是为了钱。因为待遇低、地位也低，根本买不起房子；一个月一千多元，每个月县里都要收“捐”，实际拿到手的只有七百元左右，不如做小贩；当官的过得太舒服，却不把教师当人，动不动就是一句话“小心下岗”；只有跑。

高人冯谖在孟尝君家为客，因嫌待遇过低，要求落实政策。先是要吃鱼，后来要求出门坐车，孟尝君反正有钱，就一一满足他。谁知他不知足，又敲敲他的剑唱起来，这回要求的是养家活口。孟尝君虽然有点讨厌他，但还是“好人做到底”，满足了冯谖的最后一个无礼要求。说先秦的养士制度有意思，也许就在于当时不像现在，“不见兔子不撒鹰”，一定要有了“突出贡献”之后才给人授奖，一定要等到人家还剩一口气了才授予称号，而更多的就不得不“追认追授”了。当时冯谖到孟尝君门下，什么还没做，接二连三地提有关待遇要求，得寸进尺，不断发牢骚，可是孟尝君偏买他的账。

有道是“一分钱一分货”。冯谖就值那么多的钱，就对得起那样的待遇。他敢开口要价时，可能是有个参照系数的。如果孟尝君就是不让步，要他吃普通的大锅饭，和大家一样步行，不送米给他的老母，这冯谖也许会另觅高枝；或许会在孟尝君遇到麻烦的时候，这个冯谖一点忙也不愿意多帮，或许还会混在群众中看笑话。倘若他是个与世无争的人，至多也只能是“按酬付劳”。冯谖为孟尝君“市义”，孟尝君不以为然，后来失势时见薛地百姓扶老携幼迎接他，才知道幸亏没怠慢这个冯谖，他该吃鱼、该坐车、该发养家费。这以后就不存在什么待遇问题，由于冯谖为他这只狡兔营造了三窟，他为相几十年再也没有什么政治风波了。

中国知识分子一直还有个“待遇问题”。传言谓中国知识分子“价廉物美，经久耐用”，现在早已证明，“价”之“廉”是肯定的，“物”也是“美”的，或许也能经久地拖，但“耐用”则是不可能。到了市场经济体制下，不久就要一分钱一分货了，“不美”者价必廉，廉者物不美，而冯谖们也终于可以不吃大锅饭了。

早先，如果有人敢像冯谖那样闹一下待遇，立刻就会被视为“境界不高”，视作是“思想落后”的表现，休说想吃鱼肉，一定会成为批判对象，三天两头就得弄去受教育。让人尴尬的是：不尊重知识分子的人经常是知识分子出身的官僚。不合理还在于社会对流汗流血的人总是强调“奉献”，对淌脓流“香汗”的人却总能“按需分配”。

城市最高级别的三级甲等医院，专家门诊挂号费为人民币10元，但是城市最便宜的东倒西歪的“发屋”理发费也敢收10元，至于那些“洗头房”、“洗脚房”据说可以达到几十元到几百元。和冯谖不同的是中国的知识分子在“拿手术刀的不如拿剃头刀的，造原子弹的不如卖茶叶蛋的”之类的幽默的刺激下，少有敢于真的弹铗而歌者；而当他们中极少数的人得到“特殊津贴”时，那是感激涕零不知所云的。这是因为多年的“服从教育”、“螺丝钉教育”已经彻底地让他们无法去思考自身的权益和价值。

时下大学生谋职已经不大唱什么“到祖国最需要的地方去”了。这也是值得反思的事。如果真正“按值论价”,真正地按市场经济规律办事,也就不大会出现这样的现象。我们看到,许多在我国没有人肯干的工作,在发达的西方国家，一样受到重视。中国学生一到了国外，择业观念也立刻发生了变化，这是经济杠杆在起作用。

可怜冯谖虽然开中国知识分子闹待遇风气之先，但他毕竟还是求个寄人篱下的位置。在 21 世纪，谁也用不着弹铗而歌了，此山无鱼，此地无车，老子便扬长而去，最后饿死的一定是舍不得发鱼、发车、发养家米的孟尝君。

如果在一个公平分配的社会，弹铗而歌的可能只会是懒汉和刁民；在一个分配完全不合理的社会，社会大部分人都会弹铗而歌，这个社会将会有阵痛；如果社会的分配仅仅对于“士”不合理，那这个社会的疼痛将是长时期的，尤其是这种分配制度被从法律上或社会观念上固定下来之后。

校长们不要叹什么人才流失，第一要有勇气审视自己，看看自己的素质配不配谈“留人”；其次是要有胸襟，要让教师生活得比自己好，设法让一流的教师过上一流的生活。

10. 被折腾的龙种

前一段时间，我开始反思自己在语文教学中走过的弯路，检讨教学中的失误，清点自己所做的错误判断。因为人记住教训的能力比吸取经验的能力略强，所以我一直想写一本《我的教学失误一百例》，把自己的教训告诉同行，提醒别人少走弯路。这些失误，有些是我的知识结构先天不足造成的，有些是疏于学习造成的，有的则是我性格中的自以为是造成的，但是我最不能原谅自己的，是未经过思考而“随大流”，这种盲从造成的损失也最大。

回看20年语文教革的大致经历，很吃惊，竟然出现过那么多的理论、概念与术语，好像两三年就有一波，要是不动脑筋，正可以随波逐流。有这么多的新东西，本是好事。“文革”的折腾平息后，理论界的拓荒者做了许多探索，一些先进的理念被引入语文教学。然而说不清是为什么，有的经被一些嘴念上几遍，就歪了。北京话“玩什么糟蹋什么”抨击的就是这种现象。

远的不说，就说前些年一哄而起的“研究性学习”，我尚未理解是一种什么性质的课，尚未了解它与现行的课堂教学的关系，说时迟，那时快，已经一级一级布置下来，一下子冲到我的办公桌上——学校已经把课表排出来了。去问校领导，回答是“上面布置的”。每位教师要负责带三四个课题。因为有人又鼓吹“课程超市”，即“学生要学什么教师就要能开什么课”（因此我们觉得这年头教师也快要与小老板地位相当了），有位学生就“自选”了一个“中学语文教学改革”课题，全年级里就他一人选，又根据“只要有一人选，教师就得指导”，于是我不得不单独辅导。问这位同学："你是怎么想到要选这个课题的？"回答说："因为我各科成绩都不错，就是语文学得最差，所以我选了这个课题。"这个回答令人绝倒，看来他是把"研究性学习"当成"补课"了。

事情还没完。"研究性学习"提法才传达个把月，众人还摸不着边际，就有报道介绍某校"在教学中扎扎实实开展研究性学习教学"；再过一个月，就有学校在全市开了"研究性教学"现场会；又过一个月，就有学校竟然办起了"研究性学习成果展览会"，请大人物莅临指导，又有的学校一连出版四五本经验介绍……天哪，当时我的感觉是：快告诉我革命党在哪里，我就要去投降革命党了！——我抬头想看看北斗，可是满天流星雨，北斗南斗东斗西斗指得乱七八糟……

认认真真把人家的展览成果瞻仰了一下，才知道所谓搞教改就是比胆子，人家的胆子真是太大，想象力也丰富，见什么吹什么，想怎么吹就怎么吹。有的学校，校长的酒量大于工作量，胆量又高于酒量，个个都像牛皮大学毕业的，什么都懂，什么都敢坚决地干。更重要的是永不言败，所谓"改革没有不成功的，经验没有不宝贵的，成绩没有不巨大的"，其他如"积极投入"、"勇于探索"、"克服困难"，则是永久不变的统一包装。很有价值的东西，被这些嘴一吹，真有点狗恶酒酸，弄得想干事的人也不想尝试了。果然，一哄而起的每星期两节"研究性课"三个月后就一哄而散，再也不见提及。有的老师说，本来一直注意在教学中渗透研究意识的，给这么一折腾，弄得不知所措。"靡不有初，鲜克有终"，如是而已。

有些在教学科研上很有见地的同行说起，多年摸索，有点体会，也不大敢介绍，生怕被牛皮匠包装鼓吹，去折腾人、害人，也怕被吹牛家把好好的东西糟蹋到一文不值。

"我播下的是龙种，收获的却是跳蚤。"这是智者的叹息。

跳蚤体长仅两三毫米，可是一次能跳 20 厘米高，30 厘米远，堪称动物界的冠军。然而跳蚤毕竟是跳蚤，如果被误作龙种，那就得对盲从的人说一声"活该"。

11. 如今怎样当校长

认识不少校长，个个喊校长难当，个个不辞职。

不辞职的原因很多。在旧时代，辞职是比较潇洒的事，或曰挂印封金，或曰野鹤闲云，痛快一点的，喊一声“老子不干了”，委婉一些的，则吟“携取旧书归旧隐，野花啼鸟一般春”。但是在新时代，辞职似乎成了无能的代名词，如果是因为无法实现自己的教育理想，想愤而辞职，也会忧谗畏讥。因而如今的校长即使力不能任，当到人人开骂，或是力不从心，累得只剩一口气，也是不敢辞职的。

校长不是职，而是官——这一说大家就明白了。其实当校长本不难。旧时代在一方兴教育，主一校之政，即便不敢说学富五车，也当学有所长，精于某一门类的研究，至少亦当是某一专业的实践家；同时在乡里要有威望，要有志办教育，或者有志救国，不为钱财；从个人修养看，都很淡泊，多数性情真诚……中国现代教育史上曾涌现出的一批名校，之所以成名，很大程度上取决于有一位或连续几位有理论敢实践的行家主持校政。这是说个大概，具体情况自然多有不同，而今则很难见到这流人物了。

现在当校长，不一定要有什么威望或是知名度，因为校长根本不是选出来的，而是“上头”任命的。这就一举把官场的弊端带进了教育界，也就让一些人把教育界又当成了官场。

既然教育界也成了官场，也自然就有了做官的捷径。当了县中校长，在县城就是“科局级”，到了城市，校长多已“正处”，好处多多，在教育界属于“先富起来”的群体。而想当校长，靠青灯黄卷地治学，靠诲人不倦地办学，靠立德立人号召一方，在他们看是太辛苦太不合算。一如当今为官，靠劈山开路打井种树来积累威望简直不可能。捷径是什么？就是和官府多接触，和一帮子官僚混得火热，拿学校的招生名额和各色人等做交易。校长不一定要有文凭，也不一定要是某方面的专家，只要敢吹肯拍。众所周知，如今吏治的本质还是人治，上司考察吏员，多喜浮光掠影，只要能把教育的基本口号演绎成顺口溜，把本校的情况说得符合未来要求，只要能哄得教师不抖内幕，只要能“死揪”出个升学率，只要学校不死人失火，那么，即使不靠行贿也能稳稳地做校长并知名一方。熟知教育界状况的人都不难知道这样一个秘密：相当一部分校长疏于学习，精于享受：他们基本不读书，热衷于跑官升官，热衷于游山玩水、出洋考察，酒量大了，歌舞水平高了，打保龄球早已过时，有的已经迷上高尔夫球了……他们只要做好一件事：哄得上级高兴。教育的外部困难很多，但是内部也是千疮百孔。这在教育界，也不是什么秘密。

看到“教育腐败”的提法，觉得很刺眼。“教育腐败”比“司法腐败”更可怕。教育为立国之本，如果根本发生动摇，不但我们毕生的奋斗将变得毫无意义，几代人的努力也将付诸东流。极“左”的教育曾害了两代人，今天的教育腐败毒化毁灭的是教育工作者队伍，遗害则无穷尽也。海南省有教育局干部把未成年的子女列入教师名单“吃空额”，广西等省区发生过大规模的成人考试作弊事件，四川曾有市招办主任因向考生索贿而被判处死刑，湖南有教委负责人挪用教育经费超标准盖住宅的丑闻……在目前的社会风气影响下，教育界出现腐败现象也属正常。但这些腐败案件，在各行各业的腐败现象之中之所以特别突出，是因为公众还是把教育看得比较神圣。

教育投资虽然有限，但是近 10 多年来，全国各地校舍更新比例很高，目前中小学的基建和每年的招生已经成为最大的腐败源。执掌招生大权的中小学校长，已经有相当一批人靠灰色收入富甲一方。一些校长靠招生谋取私利，有的甚至以此营造一张关系网，绘出一张联络图，为升官加爵铺路。多欲的校长们的享受标准也与时俱进。现在教育部门开会，高档轿车成群；在一些中学，校长、副校长，书记、副书记各有专车，公开炫耀；校长的办公室气派豪华，办公休息、休闲"一体化"，而一线教师的办公条件则很差；有的校长住房不止一处，装修辉煌，家具高档，已经到了不敢让教职工上门的程度（一旦知晓就会怀疑他们的经济来源）……跑官要官、刮钱捞钱的庸俗风气正在教育界蔓延。

说现今校长不读书，当然不是指全体。本来，教育现代化对校长的素质提出了高要求，而现实是为数相当多的校长处在"有文凭无文化"的境地，不懂现代教育理论，管理上粗放型的居多。不少校长不但丢弃原专业，对教育理论也不感兴趣，若非考核或是混文凭，甚至管理类的书也不碰。十多年前，有教育学教授对一名校校长不懂"逆反心理"一词表示惊讶，认为当校长的无知到这种程度，是拒绝学习基础教育理论的结果。现在的校长搞钱有一套，攀附权势集团、拉关系也有一套，但是论到读书，则到了厌恶的地步。在他们看来，搞不到钱就无法当校长，学校就无法运转，而读不读书无所谓。在一些学校，校长怕上课，不上课，还要各种头衔，不学无术，却要"专家"的待遇。学校里最怕考试的不是学生，而是校长、主任。如果对他们来一场常识性的考试，相信没有几个人能坦然地接受。有些校长，连话也说不通顺，成天颠来倒去就是那么几句话，也要由秘书、办公室主任代劳。他们对学界的动态一无所知，但是对官场的风吹草动了如指掌；他们对校内教学情况两眼一抹黑，但是对社会关系网眼明心亮。这也是他们容易走向庸俗，走向腐败的重要原因。

问题的症结是"体制病"，校长享受行政级别，成了官，这就注定了他们很难肩负起教育的人文使命。雪上加霜的是一些校长自身人文素质低。由于人文素质低，一些现象的出现也就不奇怪：片面追求升学率；乱收费；借招生索贿受贿；教师经商，强迫学生买东西；公开组织考试舞弊，等等。教育的现状与社会对教育的期待反差太大，因而对学校的批评越来越激烈，而一些本有志于教育改革的教师，因难以实现自己的教育理想，也只好一走了之。

国外一些名校，办公室里常常挂着历届校长的照片，他们能受到后人的景仰，是因为有所建树，功高德劭，是因为他们本身多是学人，是因为他们筚路蓝缕地创业，是因为他们有不同寻常的人文感召力。说到这里，不得不让我们去想另一个问题，即，究竟怎样才能算得上是“教育家”？如果我们起而仿效，在学校里悬挂历任校长照片能否不招致非议？如果让学生每天都在某些以权谋私、贪污受贿、不学无术的嘴脸下走来走去，对孩子们纯洁的心灵将是多大的伤害啊！

尽快地培养德才兼备的校长，这个艰巨任务，已经摆在人们面前了。

12. 官场陋俗进学堂

有几位教师朋友当了校长，在大家祝他们荣升时，我则感到忧伤，内心充满同情。同行问："人家高升了，你怎么一点笑容也没有？哪怕装也要装出来呀。"了解我的同志也许知道，我绝非是因为酸葡萄心理，我真的是从内心哀悼他们。这几位都是业务比较好的教师，眼看着就要从教师的队伍里消失了。如果能真正体会教师的幸福，是不会愿意在时下去当那个校长的。

当校长真苦。身在学校不上课，悠悠万事，抓钱为大。校长本当是教育家，现在的校长则多是"活动家"。有校长朋友说，他做了一个小计，一年中除去寒暑假，只有280天，接待上级、平级干部来视察、督导、指导、检查、验收、评比等等约70次，出外参加各种会议和学习60多次，累计用去200天。所以根本没有时间了解教学，了解教师和学生。成天送往迎来，谈话，旅游，吃饭，成了"逢人陪"，什么人都得陪，官僚老板都得陪，不敢不陪，不敢久陪，不知道怎样陪，陪不起也得陪，陪过了还不知道被陪者是不是真满意……

我知道他的苦楚。袁宏道做吴县县令，看他的尺牍，一肚皮牢骚怪话，逢人哀叹做官之苦，以给丘长孺的信为最："弟作令，备极丑态，不可名状，大约遇上官则奴，候过客则妓，治钱谷则仓老人，谕百姓则保山婆。一日之间，百暖百寒，乍阴乍阳，人间恶趣，令一身尝尽矣。苦哉，毒哉！"（《致丘长孺》）在致沈广乘的信中，对当官受罪做了较为详细的说明："……上官如云，过客如雨，钱谷如海……然上官直消一副贱皮骨，过客直消一副笑嘴脸，簿书直消一副强精神，钱谷直消一副狠心肠……”——这里只说“陪”，不及其他，那种痛苦，有事业心的人是不可能甘之如饴的。

坏就坏在校长有了行政级别，入了官场，而官场陋俗，又通过校长再搬到学校。官场气像瘟疫一样侵蚀了中国教育界，成为改革发展的死敌。在一些很小的问题上，也可以看出这类陋俗的顽固。

从中国有学堂时起，督军或省长视察学堂，就兴列队迎接，洋鼓洋号，各级官员前呼后拥，以壮声势。这种只摆谱不做事的风习是中国老病。我看国产影视，无论说的是前清还是民国，但凡高官一出现，不分白昼黑夜，也不论是在府衙还是私邸，都是岗哨林立，戒备森严，奴仆成群，垂手待命，一言既出，四下呼应，非常滑稽。没想到现在还是这个鬼样子。

学校来个领导视察，就像闹翻了天。特别是基层学校，不容易轮到这种机会，于是加倍奉承，一群基层干部，像保镖一样护着转圈，学生着装统一，洋号铜鼓，列队欢迎，司空见惯。

学校多点人文气氛，少一点官气，对学生的品格养成是极有好处的。现在一些校长终年围着领导转，唯上唯官，眼睛里就是没有教师。苏北有位教师说起过，教师几年辛苦探索，有了一点点成果，校长请来一群局长主任，开了现场会，总结了经验，做了“鉴定”。后来报成果，领导的名字全写在前面，“因为钱是他们搞来的，搞不到钱也就默默无闻”。——这是对教师劳动的践踏，是对他们精神的摧残。校长不把自己当教师，进而不把教师当人。这类现象体现了中国教育腐败的一个特点。

然后是不拿学生当人。也是该地的一所学校，因为市长要来视察，学校让所有的学生穿校服，可是市长公务繁忙没能来；第二天仍旧通知必须穿校服，仍旧白等；到了第三天，家长纷纷说，天热，这衣服不能再穿了，都有馊味儿了，可是孩子说，如果不穿，老师要扣分的。第三天，市长总算来了，在学校里转了半小时，听同学们鼓掌，听校长汇报，表扬学校“很干净”，就走了。学生说：“市长离我们远，要是走近我们，到我们中间来，就能闻到我们身上的馊味啦！”还有的学校，为了迎接县区领导，竟不顾学生健康，让学生在寒风中等候两三个小时，很多学生感冒了。

校长成了官，沾了官气，官场的污浊进了学校，也侵蚀了教师队伍，分化不可避免。在一些学校，论实际待遇，勤奋治学、诲人不倦的教师受制于酒囊饭袋；学富五车不如谄媚一笑；青灯黄卷，兀兀以穷年，不如去混一顶小小的乌纱帽……一位教师要当到专家、特级教师，可能要付出几十年的辛劳，但是这些称号对一个校长而言，往往是囊中取物。

这些事看惯了，觉得无味。让人感到不安的，是现在一些学生干部也学得官气十足，我真的很担心。这些孩子是从哪里感受到做官的乐趣的？我们的学校对他们有没有影响？如果他从小就有志仕途，知道做官的好处，摸索往上爬的路径，而他的老师是正派人，可能就很难面对他，无法教育他（这种事我已经遇到过了）。他的老师如果肯定他，那很可能是共同卑污的。对权力的向往会使一些学生没有平等的素养，这对一个向往民主、文明的社会来说，是灾难。

13. 被难倒的蜈蚣

有青年教师来电话，诉说工作中的苦恼。她那所学校，给每个学生发了一本《成长日记》。这本统一印发的《成长日记》的开始有几句警言——“你今天进步了吗？”“你今天又有什么收获？”“这个月你养成了哪些好习惯？”——也算是每日三省自身，规定学生每天要详细填写。本子的格式类似公司经理的记事本，印上“8:00—9:00”、“21:00—22:00”之类的字样，从早到晚，要学生记下自己所做的一切；同时，校长要求班主任和家长每周都要对孩子的品格成长与学业做出评价，写一段话，以让孩子有“成就感”。这位青年教师说，她实在被这个《成长日记》弄得不知所措，老师们都盼望尽早停止这种荒唐的活动。

让学生和教师耗费时间去关注细枝末节，恰恰暴露出学校管理者的无知与落后。一所学校，竟然如此缺乏人文理念，缺乏现代教育意识，缺乏科学的教育方法，做出这种不可理喻的规定，真让人不知说什么是好。时下形式主义猖獗；有些学校制订措施很愚蠢，完全不考虑教育自身的规律，一味讲究“花”，好像办学的目的就是为了哗众取宠，吸引上司注意。

某次曾问过几位校长能不能记得前天和昨天做过的事，竟没有一人能准确地回答出来。（我之所以向校长们问这样的问题，是听说他们要求教师填写“工作日志”，同样要精确到小时，试图用这样的办法来“调控教学”、“督促教师”。）同理，要学生记下每天甚至每小时所做的事，更没有必要。如果学生把时间全耗在对付这些无价值的形式上，他们的想象力和创造思维必然遭到破坏，他们不得不去编一些假话以应付教师和校长的检查。中国社会生活中那些滋扰民生的“检查”、“评比”、“验收”、“考核”，竟然也“从娃娃抓起”了。

那位教师告诉我，在她的班上，已经多次发现，学生不但编写“假进步”、“假收获”、“假好习惯”，而且互相冒充家长签写意见，而她每次因此教育学生时，学生抵触情绪很大，认为学校无事生非，逼人说假话，是折腾学生。

说到这里，忽然想到说了可能也是白说，还是说说一则有趣的寓言吧。蜈蚣狂妄地对青蛙说：“你只有 4 条腿，而我有 40 条腿，你不如我。”青蛙精明，说：“我的腿的确没有你的多，但是我知道自己的每条腿在干什么；我倒是想问问你：当你的第 18 条腿举起来的时候，你的第 35 条腿在什么位置？”蜈蚣原本爬得并不慢，可是它老想着要记住每步动作时各条腿的位置，结果没法走路了。

把这个故事说给校长们听听，好吗？